하권

Let's go on a trip! Package Chinese

여행가자! 패키지 중국어

조은상 지음

현우사

머리말

1992년 한국과 중국의 정식수교가 맺어진 이후 중국과 한국의 무역교류는 물론 인적교류 또한 놀라울 정도로 급성장하고 있다. 2019년 기준 對중국 수출이 2000억 달러를 넘어섰고, 수입도 1700억 달러에 이른다. 중국은 명실상부한 한국의 제 1대 교역대상국이 된지 이미 오래되었다. 또한, 최근 통계에 따르면, 양국을 서로 방문하는 관광객 수도 날로 증가하여 최근 한국에 입국한 중국관광객수는 480만 명에 이르고, 중국을 방문한 한국관광객수도 500만 명에 이른다.

중국어 교육을 담당하는 대학은 물론 중 · 고등학교에서도 앞 다투어 중국어를 개설하고 있다. 중학교에서는 실용중국어라는 과목을 개설하여 학생들에게 선택하도록 하고 있고, 고등학교에서는 중국어1, 2를 개설하여 운영하고 있다. 대학교도 전공중국어와 교양중국어로 나누어 중국어 수요층을 흡수하고 있다. 그밖에, 사설학원과 방송 등 여러 매체를 통한 중국어 교육도 점차 확대되고 있다.

2000년대 전후 중국어 교육에 새로운 바람이 물기 시작했는데, 그것은 바로 특수목적중국어의 교과목과 교재의 개발이다. 비즈니스중국어는 물론 관광중국어, 무역중국어, 항공중국어, 의료관광중국어 등 각양각색의 특수목적중국어 관련 교과목과 교재가 개발되었다. 이중 비즈니스중국어, 관광중국어, 무역중국어 등의 교과목과 교재의 개발은 이미 어느 정도 이루어 졌고, 그 연구 성과 또한 다른 특수목적중국어에 비해 상당한 수준에 이르렀다. 다만 아쉬운 점은, 이들 중국어의 교과목과 교재는 한국인이 중국인을 상대로 비즈니스를 행할 때 사용할 수 있는 특수목적중국어이다. 한국인이 중국인을 상대로 비즈니스를 할 때 쓰이는 중국어도 필요하지만, 단순히 중국을 방문하여 여가를 즐기려는 한국인을 위한 중국어도 필요하지 않을까 생각한다. 이러한 중국어의 교과목과 교재가 어쩌면 여행중국어일 것이다.

PREFACE

본 교재는 이점을 염두에 두고 국내외에 출판된 여러 교재와 사전을 참고하여 한국인이 중국을 방문 혹은 여행할 때 자주 사용하는 중국어 표현을 엄선하여 해설과 함께 다소 어색할 수 있지만 중국어의 한국어 발음 표기를 덧붙였다. 그밖에 영어 표현도 첨가하였으니 중국을 여행할 때 참고자료가 되기를 희망한다.

끝으로 본 교재를 출판하는 과정에서 물심양면으로 지지해주신 심란희 박사님과 여러 차례 수정하는 과정에서 귀찮게 해드렸지만 싫은 내색하지 않으시고 편집을 도와주신 현우사 직원분들, 그리고 전자책의 출현과 어려운 출판 시장 속에서도 꿋꿋이 종이책을 지켜나가며 글쟁이들의 활동공간을 제공해 주신 배영환 사장님께 감사드린다.

연자골에서 저자 씀

목차

CONTENTS

CONTENTS

UNIT 01

버스 타기

주요내용

(1) 버스 정류장에서

(2) 고속버스 타기

(3) 버스 타고 목적지까지

UNIT 01 버스 타기

1 버스 정류장에서

请问，公共 汽车 站 在 哪儿？
Qǐngwèn，gōnggòng qìchē zhàn zài nǎr？
칭원, 꽁꽁 치처 짠 짜이 나얼？

就 在 前面。
Jiù zài qiánmiàn。
지우 짜이 첸멘.

旁边 就 是。
Pángbiān jiù shì。
팡볜 지우 스.

这 辆 车 去 王府井 吗？
Zhè liàng chē qù Wángfǔjǐng ma？
쩌 량 처 취 왕푸징 마？

단어노트

- **请问** 말씀 좀 묻겠습니다 · **公共汽车** 공용버스 · **站** 정거장
- **前面** 앞쪽 · **旁边** 옆쪽 · **辆** (차량 등 을 세는 단위) 량, 대
- **王府井** 왕푸징 (북경에 있는 지역명칭)

Excuse me. Where is the bus stop ?

실례지만, 버스정류장이 어딘가요 ?

It's in front of you.

바로 앞에 있습니다.

It's next to you.

바로 옆에 있습니다.

Does this bus go to Wangfujing ?

이 버스는 왕푸징에 가나요 ?

어법노트

❶ 방위사

방위사는 어떤 공간의 방향이나 위치를 나타내는 명사를 말한다. 방위사는 크게 단순방위사와 합성방위사로 나뉘는데, 단순방위사는 위(上, shàng), 아래(下, xià), 앞(前, qián), 뒤(后, hòu), 옆(旁, páng) 등 어떤 방향이나 위치를 나타내는 단어이고, 합성방위사는 위(上, shàng), 아래(下, xià) 등과 같은 단순방위사에 접미사(面 miàn, 边 biān)를 붙이는 단어이다.

❷ 수량사

수량사는 수사와 양사가 결합하여 명사를 수식하는 관형어이다. '수사+양사'(수량사) 구조로 되어있는데, 이때 명사는 양사 뒤에 온다. 예 수사+양사+명사(중심어).

我 要 去 王府井。要 坐 几路车？

Wǒ yào qù Wángfǔjǐng。Yào zuò jǐlùchē？

워 야오 취 왕푸징. 야오 쭤 지루처？

坐 七路车。

Zuò qīlùchē。

쭤 치루처

在 哪儿 可以 买 票？

Zài nǎr kěyǐ mǎi piào？

짜이 나얼 커이 마이 퍄오？

就 在 那儿。

Jiù zài nàr。

지우 짜이 나얼.

단어노트

- **去** 가다
- **路** (버스 등) 노선
- **几路车** 몇 번 노선버스
- **在** ~에(서)
- **可以** 할 수 있다
- **那儿** 그곳, 저곳

I want to go to Wangfujing, Which bus do I have to take ?

왕푸징에 가려고 하는데, 몇 번 버스를 타야하나요 ?

Take the bus No.7.

7번 버스 타세요.

Where can I buy a ticket ?

어디서 표를 살 수 있나요 ?

It's right over there.

바로 저기입니다.

어법노트

❶ 양사 路

원래 길, 도로 등을 나타내는 명사 **路**는 (운수 기관 따위의) 노선을 나타내는 양사로도 사용된다. 예 七路车

❷ 조동사 可以

조동사 **可以**는 '…할 수 있다(가능이나 능력을 표시)', '…해도 좋다(허가를 표시)', '…할 가치가 있다' 등으로 쓰이며, 본문의 **可以**는 가능이나 능력을 표시한다. 구조는 조동사+동사이다.

就 在 前面。
Jiù zài qiánmiàn。
지우 짜이 첸멘.

给 我 两 张 去 王府井 的 票。
Gěi wǒ liǎng zhāng qù Wángfǔjǐng de piào。
게이 워 량 짱 취 왕푸징 더 퍄오.

给 我 两 张 票。
Gěi wǒ liǎng zhāng piào。
게이 워 량 짱 퍄오.

到 王府井 需要 多长 时间？
Dào Wángfǔjǐng xūyào duōcháng shíjiān？
따오 왕푸징 쉬야오 뚸창 스젠？

坐 四 十 分 钟 就 到了。
Zuò sì shí fēn zhōng jiù dàole。
쭤 스 스 펀 쫑 지우 따오러.

단어노트

- **需要** 필요하다
- **多长** 얼마나 긴
- **就** 곧, 바로

It's right in front.

바로 앞입니다.

Two tickets to Wangfujing, please.

왕푸징 가는 표 2장 주세요.

Give me two tickets.

표 2장 주세요.

How long does it take to Wangfujing?

왕푸징까지 얼마나 걸리나요?

It will take forty minutes to get there.

40분이면 됩니다.

어법노트

❶ 수량사의 수식어구

수량사는 수사 + 양사 + 명사(중심어)의 구조로 되어있는데, 이때 명사를 수식해야 할 경우 그 수식어구는 명사 앞에 놓는다. 예 수사 + 양사 + 수식어구 + 명사. 본문 '两张去王府井的票'에서 去王府井的는 '票'를 수식하는 수식어구이다.

❷ 명사 钟

명사 钟은 종 또는 시계를 가리키며, 가끔 시간 뒤에 붙어 지금 말하는 것이 시간이라는 것을 조금 더 강조해 줄 수 있다. 예 四十分 = 四十分钟.

② 고속버스 타기

请问，长途 汽车 站 在 哪儿？

Qǐngwèn，chángtú qìchē zhàn zài nǎr？

칭원, 창투 치처 짠 짜이 나얼？

在 哪儿 坐 去 济南 的 车？

Zài nǎr zuò qù Jǐnán de chē？

짜이 나얼 쭤 취 지난 더 처？

有 没有 去 济南 的 车？

Yǒu méiyǒu qù Jǐnán de chē？

요우 메이요우 취 지난 더 처？

这 辆 车 几 点 出发？

Zhè liàng chē Jǐ diǎn chūfā？

쩌 량 처 지 덴 추파？

단어노트

· **长途** 장거리 · **汽车** 자동차 · **济南** 지역명칭 제남(지난)

Excuse me, where is the express bus stop?

실례지만, 고속버스 정류장이 어디인가요?

Where can I take the bus to Jinan?

지난 가는 차 어디서 타나요?

Do you have any bus to Jinan?

지난 가는 차 있나요?

What time does the bus leave?

이 차는 몇 시에 출발하나요?

어법노트

❶ 상투어 请问

请问은 "잠깐 여쭙겠습니다", '말씀 좀 물어 보겠습니다' 등 상투적으로 사용하는 문구로 남에게 정중하게 무엇을 부탁하거나 하라고 할 때 덧붙이는 말이다. 영어의 please와 유사하다.

❷ 정반의문문 有没有

有没有는 긍정의 의미인 有와 부정의 의미인 没有가 결합된 정반의문문이다. 有没有 뒤에 명사가 올 수도 있고, 단독으로 사용할 수도 있다. 예 有没有车? 有没有?

五 点 的 车 已经 走了 吗？
Wǔ diǎn de chē yǐjing zǒule ma？
우 덴 더 처 이징 쩌우러 마？

给 我 两 张 单程 票。
Gěi wǒ liǎng zhāng dānchéng piào。
게이 워 량 짱 딴청 퍄오.

下 趟 车 什么 时候 出发？
Xià tàng chē shénme shíhòu chūfā？
샤 탕 처 선머 스허우 추파？

단어노트

- **已经** 이미, 벌써 • **走了** 떠났다 • **单程票** 편도표
- **下** 아래, 다음 • **趟** 차례 • **出发** 출발하다

Has the 5 o'clock bus left yet ?

5시 차 벌써 출발했나요 ?

Two one-way tickets, please.

편도 2장 주세요.

When does the next bus leave ?

다음 차는 언제 출발하나요 ?

어법노트

❶ 已经 VS 曾经

'曾经(céngjīng)'도 已经과 같은 뜻(이미, 벌써)을 가지고 있지만, 서로 다른 의미로 사용된다. 차이점 : ① 양자는 모두 지나간 일을 가리키지만, '已经'은 흔히 얼마 전 또는 최근의 일을 가리키는 반면에, '曾经'은 일반적으로 최근의 일을 가리키지 않음. ② '已经'이 나타내는 동작이나 상황은 지금도 계속될 수 있지만, '曾经'이 나타내는 동작이나 상황은 현재 이미 끝난 일임. 예 "他已经去了上海"에서는 그는 현재 여전히 상해에 있을 수도 있지만, "他曾经去过上海"에서 그는 이미 상해에 없는 상황임.

❷ 양사 趟

趟은 차례 또는 번 등 사람이나 차의 왕래하는 횟수를 나타내는 양사이다. 예 下趟车, 走一趟.

③ 버스 타고 목적지까지

这 辆 车 去 五道口 吗？
Zhè liàng chē qù Wǔdàokǒu ma？
쩌 량 처 취 우따오커우 마？

是， 没有 错。
Shì， méi yǒu cuò。
스, 메이요우 춰.

不 去。你 得 坐 旁边 的 车。
Bú qù。Nǐ děi zuò pángbiān de chē。
부 취. 니 데이 쭤 팡벤 더 처.

中途 要 换车 吗？
Zhōngtú yào huànchē ma？
쫑 투 야오 환처 마？

단어노트

- **没有错** 맞다, 옳다
- **得** 마땅히 ~해야 한다
- **中途** 도중, 중간
- **换车** 차를 바꾸어 타다
- **五道口** 우따오커우 (베이징의 한 거리 이름)

Does this bus go to Wudaokou ?

이 차는 우따오커우에 가나요 ?

Yes, it is.

네, 맞습니다.

No. You have to take the bus next to you.

안갑니다. 옆에 있는 차 타세요.

Do I have to transfer halfway ?

중간에 갈아타야 하나요 ?

어법노트

❶ 没错 VS 不错

没错의 错는 틀림, 착오, 잘못, 실패 등의 뜻을 가진 명사이고, 不错의 错는 나쁘다, 좋지 않다, 서투르다 등 주로 부정사와 같이 쓰이는 형용사이다. 没错는 '틀림이 없다'로, 不错는 '맞다', '옳지', '그렇지', '괜찮다', '잘하다' 등으로 사용된다.

❷ 조동사 得

조동사 得(děi)는 要와 같은 의미이지만 주로 구어에서 많이 사용되며 '(마땅히) … 해야 한다(겠다)' 란 뜻으로 쓰인다. 이때, 得는 비교적 객관적인 의지를 나타내는 반면, 要는 주관적 의미를 나타낸다.

不用（得 换车）。

Bú yòng（děi huànchē）。

부 용 (데이 환처).

几路车 经过 中关 村？

Jǐlùchē jīngguò Zhōngguān cūn？

지루처 징꿔 쫑관 촌？

二 三 七 路 经过 中关 村 吗？

Èr sān qī lù jīngguò Zhōngguān cūn ma？

얼 산 치 루 징꿔 쫑관 촌 마？

到 中关 村 坐 几路 公共 汽车？

Dào Zhōngguān cūn zuò jǐlù gōnggòng qìchē？

따오 쫑관 촌 쭤 지루 꽁꽁 치처？

단어노트

- **经过** 통과하다, 지나가다
- **中关村** 쫑관촌 (베이징에 있는 지역명칭)
- **二** 숫자 2
- **到** ~에 가다, ~까지

No.(You have to transfer.)

아니요.(갈아타야 합니다.)

Which bus passes Zhongguancun?

몇 번 버스가 중관촌을 지나가나요?

Do the bus number 237 pass Zhongguancun?

237번 버스가 중관촌을 지나가나요?

Which bus do I need to take to Zhongguancun?

중관촌 가려면 몇 번 버스 타야 하나요?

어법노트

❶ 동사 经过

동사 经过는 (장소 · 시간 · 동작 등을) '경과하다', '거치다', '지나다', '통과하다' 등의 의미로 사용되며, 간혹 '과정' 또는 '경력' 등 명사로도 사용된다.

❷ 개사 到

到는 원래 동사로 도착하다 또는 도달하다 등으로 사용되지만, 본문에서처럼 '…에', '…으로', '…까지' 등 개사(전치사)로 사용된다. 예 到中关村, 到中国.

坐 二 三 七 路。

Zuò èr sān qī lù。

쭤 얼 산 치 루.

二 三 七 路 在 哪儿 坐 车？

Èr sān qī lù zài nǎr zuò chē？

얼 산 치 루 짜이 나얼 쭤 처？

我 得 在 哪儿 下 车？

Wǒ děi zài nǎr xià chē？

워 데이 짜이 나얼 샤 처？

你 得 在 中关 村 入口 下 车。

Nǐ děi zài Zhōngguān cūn rùkǒu xià chē。

니 데이 짜이 쫑관 촌 루커우 샤 처.

단어노트

- **坐** 앉다, 타다
- **坐车** 차에 앉다, 타다
- **哪儿** 어디
- **下车** 하차하다
- **得** 마땅히 ~해야 한다
- **入口** 입구

Take the bus number 237.

237번 타세요.

Where can I take the bus number 237 ?

237번 버스 어디서 타나요 ?

Where do I have to get off ?

어디서 내려야 하나요 ?

You have to get off at the entrance of Zhongguancun.

중관촌 입구에서 내려야 합니다.

어법노트

❶ 得 VS 要

得와 要는 모두 '~해야 한다'라는 뜻으로 사용되지만, 得는 객관적 의지를 나타내고, 要는 주관적 의지를 나타낸다. 예를 들어, "我要去中国。"는 "나는 중국에 가야 한다."란 뜻이지만 그 의미가 주관적이어서 나중에 안갈 수도 있다는 의미가 내포되어 있는 반면에, "我得去中国。"는 객관적으로 볼 때 "나는 (반드시) 중국에 가야 한다."는 뜻으로 해석할 수 있다.

❷ 坐车 VS 上车

坐车와 上车는 모두 "차를 타다"라는 뜻이지만, 坐车는 '자동차에 앉다'는 뜻이고, 上车는 '자동차에 올라가다' 혹은 '자동차에 탑승하다'란 뜻을 내포하고 있다.

车费 多少 钱？

Chēfèi duōshao qián？

처페이 둬샤오 첸？

十 块 钱。

Shí kuài qián。

스 콰이 첸.

这里 是 中关 村 吗？

Zhèli shì Zhōngguān cūn ma？

쩌리 스 쫑관 촌 마？

对， 快 下 车 吧。

Duì， kuài xià chē ba。

뛔이, 콰이 샤 처 바.

단어노트

- **车** (교통수단) 차
- **费** 비용
- **车费** 차비
- **多少钱** 얼마입니까
- **这里** 이곳, 여기
- **对** 맞다
- **快** 빨리
- **吧** (문장 끝에 쓰임) ~하자

How much is the fare ?

차비는 얼마인가요 ?

That's 10 yuan.

10 위안 입니다.

Is this Zhongguancun ?

여기가 중관촌인가요 ?

Yes, get off quickly.

네, 빨리 내리세요.

어법노트

❶ 块 VS 元

块와 元(yuán)은 모두 중국의 화폐단위이며, '원(혹은 위안)'으로 해석한다. 구어체에서는 보통 '块'를 쓰고, 문어체에서는 '元' 혹은 '圆(yuán)'을 사용한다. 가끔 외국 화폐에도 '元'으로 표시하는 경우가 있다. 예 美元(달러), 日元(엔화).

❷ 조사 吧

문장 끝에 쓰여 상의 · 제안 · 청구 · 권유 · 명령 · 독촉의 어기를 나타내거나, 동의 또는 승낙의 어기를 표현한다. '~하자', '~해라' 등의 형태로 쓰인다.

还没有到，还有三站。

Hái méiyǒu dào，hái yǒu sān zhàn。

하이 메이요우 따오, 하이 요 산 짠.

到终点站下车就可以。

Dào zhōngdiǎn zhàn xià chē jiù kěyǐ。

따오 쫑덴 짠 샤 처 지우 커이.

到了五道口站可以叫我一声吗？

Dàole Wǔdàokǒu zhàn kěyǐ jiào wǒ yì shēng ma？

따오러 우따오커우 짠 커이 쟈오 워 이 성 마？

단어노트

- **还** 아직
- **没有** 과거부정부사
- **到** 도착하다
- **终点** 종점
- **到了** ~에 도착하다
- **叫** 부르다
- **声** 소리

Not yet. There are three more stops.

아직 도착하지 않았어요. 세 정거장 남았습니다.

You can get off at the last stop.

종점에서 내리면 됩니다.

Can you let me know when you arrive at Wudaokou ?

우따오커우에 도착하면 저에게 알려줄 수 있나요 ?

어법노트

❶ 부사 还

부사 还는 '아직', '아직도', '여전히' 등으로 사용되며, 주로 동사 앞에 쓰여 동작이나 상태가 지속됨을 나타낸다.

❷ 과거 부정부사 沒有

沒(有)는 원래 '없다' 혹은 '가지고 있지 않다'는 뜻의 동사이지만, '沒(有)+동사' 구조로 사용될 때는 과거를 부정하는 부정부사 '아직 ~않다'로 해석해야 한다.

❸ 조사 了

① 동사 또는 형용사 뒤에 쓰여 동작 또는 변화가 이미 완료되었음을 나타내거나, ② 실제로 이미 발생한 동작이나 변화에 사용된다. ①의 어순은 동사+了 , ②의 어순은 '문장 끝'+了이다. 본문의 '到了'는 ①번에 해당한다.

타이완에 가볼까!

타이완(Taiwan)의 정식 국호는 중화민국(Republic of China)이다. 하지만, 중화인민공화국(이하 중국)이 '하나의 중국'을 견지하고 있기 때문에 타이완 혹은 대만(타이완의 한자독음 臺灣)이라고 부르기도 하고, 올림픽 등 국제대회 또는 각종 국제기구에 참여할 때는 중화타이베이(Chinese Taipei)라는 명칭을 사용한다. 타이완은 1949년 중국 본토에서 공산당 중심의 중화인민공화국이 세워지자 그 수도를 타이뻬이로 천도하였으며, 중국 푸젠성 인근에 있는 진먼섬을 포함해 2개의 직할시와 22개의 시와 현으로 구성된 인구 약 2,600만의 섬나라이다.

타이완은 필리핀과 중국 푸젠성 사이에 위치해 있으면 연중 온화한 날씨 덕분에 1년 내내 여행하기 아주 좋은 기후를 가지고 있다. 타이완 여행의 핵심은 수도인 타이베에 있는 국립고궁박물관이다. 과거 베이징 고궁박물관에서 보관하고 있던 청나라의 진귀한 보물들을 타이뻬이로 천도하면서 함께 가져왔으며, 현재 국립고궁박물관에 전시하고 있다. 타이완의 국립고궁박물관은 세계 4대 박물관으로 이름이 알려져 있어서 아시아의 유물을 관람하기 위한 여행객들로 매일 분주하다. 타이베이의 최고층 빌딩 101층 전망대, 국민당 정부 초대 대통령인 장제스를 기념하여 지은 중정기념당, 국가희극원 및 국가음악청 등은 타이완의 문화를 대변하는 대표적인 여행지이다. 그밖에 고산족 원주민의 정취가 가득한 아리산과 타이완을 대표하는 불교 성지인 불광산 그리고 기암괴석으로 유명한 화련 등 많은 명승지가 있다.

연습문제 UNIT 01

01 아래 보기의 단어와 뜻이 서로 어울리는 것을 골라 짝을 맞추어 보세요.

旁边 •	• 자동차
需要 •	• 옆쪽
汽车 •	• 편도표
单程票 •	• 도중
中途 •	• 필요하다

02 주어진 단어의 뜻을 빈칸에 적어보세요.

① 经过 (　　　　　　　　)
② 下车 (　　　　　　　　)
③ 这里 (　　　　　　　　)
④ 终点 (　　　　　　　　)
⑤ 没有 (　　　　　　　　)

03 주어진 문장의 한어병음(성조포함)을 빈칸에 적어보세요.

① 中途要换车吗？ (　　　　　　　　)
② 几路车经过中关村？ (　　　　　　　　)
③ 二三七路在哪儿坐车？ (　　　　　　　　)
④ 我得在哪儿下车？ (　　　　　　　　)
⑤ 车费多少钱？ (　　　　　　　　)

04 다음 문장을 해석해 보세요.

① 请问，公共汽车站在哪儿？

② 我要去王府井。要坐几路车？

③ 给我两张去王府井的票。

④ 到王府井需要多长时间？

⑤ 请问，长途汽车站在哪儿？

05 다음 문장을 중국어로 작문해보세요.

① 다음 차는 언제 출발하나요?

② 우따오커우에 도착하면 저에게 알려줄 수 있나요?

③ 차비는 얼마인가요?

④ 몇 번 버스가 중관촌을 지나가나요?

⑤ 실례지만, 버스정류장이 어딘가요?

UNIT 02

지하철 타기

주요내용

(1) 지하철역으로 가기
(2) 지하철역으로 가기의 또 다른 표현
(3) 갈아타기
(4) 출구 찾기

UNIT 02 지하철 타기

① 지하철역으로 가기

请问，南京 站 在 哪儿？

Qǐngwèn，Nánjīng zhàn zài nǎr？

칭원, 난징 짠 짜이 나얼？

南京 站 就 在 这儿。

Nánjīng zhàn jiù zài zhèr。

난징 짠 지우 짜이 쩌얼.

往 左 拐 就 是。

Wǎng zuǒ guǎi jiù shì。

왕 줘 과이 지우 스.

往 右 拐 就 是。

Wǎng yòu guǎi jiù shì。

왕 요우 과이 지우 스.

단어노트

- **南京** 난징(남경)
- **这儿** 이곳, 여기
- **往** ~를 향해
- **左** 왼쪽
- **拐** 방향을 바꾸다
- **右** 오른쪽

Excuse me. Where is Nanjing station ?

실례합니다. 난징역이 어디인가요 ?

Nanjing station is right here.

난징역은 바로 여기입니다.

Turn left.

좌측으로 돌면 됩니다.

Turn right.

우측으로 돌면 됩니다.

어법노트

❶ 개사 往

往은 원래 '가다' 혹은 '(~로) 향하다'라는 뜻의 동사이나(예 往南 남쪽으로 향해가다), 간혹 '…쪽으로' 혹은 '…(을) 향해' 등 개사(전치사)로 사용된다.

❷ 조사 就是

조사 就是는 원래 문장 끝에 쓰여 '…하면 된다' 혹은 '그만이다'라는 뜻으로 주로 긍정문에 사용되나(예 我去就是了。), 간혹 본문에서처럼 '바로 …이다'라는 문구로 사용되기도 한다.

要 走 多长 时间？
Yào zǒu duōcháng shíjiān？
야오 쩌우 둬창 스젠？

十 五 分 钟 左右。
Shí wǔ fēn zhōng zuǒyòu。
스 우 펀 쭝 줘요우.

到 南京 站 多少 钱？
Dào Nánjīng zhàn duōshao qián？
따오 난징 짠 둬샤오 첸？

在 哪儿 购 票？
Zài nǎr gòu piào？
짜이 나얼 꺼우 퍄오？

단어노트

- **走** 걷다, 가다 · **多长时间** 얼마나 긴 시간 · **五** 숫자 5
- **左右** 정도, 약 · **购** 구매하다 · **购票** 표를 사다

How long does it take to walk ?

걸어서 얼마나 걸리나요 ?

About 15 minutes.

15분 정도요.

How much is it to Nanjing station ?

난징역까지 얼마인가요 ?

Where can I buy a ticket ?

어디서 표를 사나요 ?

어법노트

❶ 去 VS 走

去와 走는 모두 '가다'라는 뜻의 동사이지만, 그 의미에는 차이가 있다. 去는 목적지를 향해 간다는 의미이며(예 我去学校。你去哪儿?), 走는 '걸어서 간다'는 동작 자체를 강조하는 말로 특정한 목적지 없이 이 자리를 떠나가는 의미를 갖고 있다.(예 快走吧。他已经走了。)

❷ 명사 左右

명사 左右는 '좌(왼쪽)와 우(오른쪽)'란 뜻을 가지고 있지만, 간혹 '가량', '안팎', '정도', '내외' 등의 어림수로 사용되기도 한다. 예 十五分钟左右, 十块左右.

地铁 出入口 在 哪儿？

Dìtiě chūrùkǒu zài nǎr？

띠티에 추루커우 짜이 나얼？

就 在 前边。

Jiù zài qiánbiān。

지우 짜이 첸벤.

就 在 后边。

Jiù zài hòubiān。

지우 짜이 허우벤.

往 南京 站 的 地铁， 在 哪儿 搭 车？

Wǎng Nánjīng zhàn de dìtiě， zài nǎr dā chē？

왕 난징 짠 더 띠티에, 짜이 나얼 따 처？

단어노트

- **地铁** 지하철 · **出入** 출입 · **口** 입구 · **出入口** 출입구
- **前边** 앞쪽 · **后边** 뒤쪽 · **搭** 탑승하다 · **搭车** 차를 타다

Where is the subway entrance?

지하철 출입구가 어디인가요?

It's in the front.

바로 앞에 있습니다.

It's in the back.

바로 뒤에 있습니다.

Where can I take the subway to Nanjing station?

난징역 가는 지하철은 어디서 타나요?

어법노트

❶ 地铁 VS 电车

地铁는 주로 도심지에 교통의 혼잡을 완화하고, 빠른 속도로 운행하기 위하여 일부 또는 전부가 지하의 전용차선으로 운행되는 철도 혹은 지하철이다. 간혹 地下铁(dìxià tiě)라고 부르기도 한다. 电车(diànchē)는 지상에 부설된 궤도를 운행하는 대중교통용 전동 열차이다. 우리나라의 전철과 흡사하다.

❷ 搭车 VS 上车

搭车는 "차량에 탑승하다"라는 뜻이고, 上车는 "차량에 올라타다"라는 뜻이다. 중국에서는 자주 혼용하여 사용한다.

② 지하철역으로 가기의 또 다른 표현

西安 站 怎么 走？
Xī'ān zhàn zěnme zǒu？
시안 짠 전머 쩌우？

一直 往 前 走 就 到了。
Yìzhí wǎng qián zǒu jiù dàole。
이즈 왕 첸 쩌우 지우 따오러

最近 的 地铁 站 在 哪儿？
Zuìjìn de dìtiě zhàn zài nǎr？
쮀이진 더 띠티에 짠 짜이 나얼？

三 号 出口 在 哪儿？
Sān hào chūkǒu zài nǎr？
산 하오 추커오 짜이 나얼？

단어노트

- **怎么** 어떻게 • **一直** 곧바로, 줄곧 • **前** 앞 • **往前** 앞으로 향해
- **最近** 가장 가까운 • **三号** 3번 • **出口** 출구

How can I get to Xi'an station ?

시안역은 어떻게 가나요 ?

Just go straight ahead

앞으로 계속가면 됩니다.

Where is the nearest subway station ?

가장 가까운 지하철역이 어디인가요 ?

Where is Exit 3 ?

3번 출구가 어디인가요 ?

어법노트

❶ 怎么+동사

의문대명사 怎么+동사의 구문은 어떠한 방식이나 방법을 물어볼 때 사용한다. 예 怎么走？怎么吃？

❷ 부사 一直

'一直'는 상태나 동작이 변함없이 지속됨을 나타낸다. 또 '一直'는 과거의 시점에서 오랜 시간 계속되는 것을 나타내며, 비교적 긴 시간에 달하는 것도 있고 비교적 짧은 시간의 것도 있다. 예 我今天下午一直在学校学习。

车票 在 哪儿 可以 买？

Chēpiào zài nǎr kěyǐ mǎi？

처퍄오 짜이 나얼 커이 마이？

就 在 对面。

Jiù zài duìmiàn。

지우 짜이 뛔이멘.

就 在 斜对面。

Jiù zài xiéduìmiàn。

지우 짜이 시에뛔이멘.

王府井 要 往 哪个 方向 去？

Wángfǔjǐng yào wǎng nǎge fāngxiàng qù？

왕푸징 야오 왕 나거 팡샹 취？

到 天安门 站 要 多少 钱？

Dào Tiān'ānmén zhàn yào duōshao qián？

따오 텐안먼 짠 야오 뚸샤오 첸？

단어노트

- **车票** 차표
- **对面** 맞은편
- **斜对面** 대각선 쪽, 건너편 옆쪽
- **方向** 방향
- **天安门** 텐안먼(천안문)

Where can I buy a ticket?

차표는 어디서 살 수 있나요?

Right across the street.

바로 건너편에서요.

Across the diagonally opposite.

대각선 맞은편이요.

Which direction should I go to Wangfujing?

왕푸징은 어느 방향으로 가야 하나요?

How much is it to Tian'anmen station?

천안문(텐안먼)역까지 얼마인가요?

어법노트

❶ 접미사 面

접미사 面은 '쪽', '측', '면' 등의 뜻으로 접미사 '边(biān)'처럼 단순방위사 뒤에 붙어 합성방위사를 만들어 준다. 예 前面, 后面.

❷ 동사 要

要는 '해야 한다', '하려고 하다' 등 뜻을 가진 조동사로 많이 알려져 있지만, 원래는 동사로서 '구하다', '요구하다', '필요하다'는 뜻을 가지고 있다.

③ 갈아타기

去 北京 站 需要 换车 吗？
Qù Běijīng zhàn xūyào huànchē ma？
취 베이징 짠 쉬야오 환처 마？

去 这里 需要 换车 吗？
Qù zhèli xūyào huànchē ma？
취 쩌리 쉬야오 환처 마？

去 北京 站 坐 几号线 地铁？
Qù Běijīng zhàn zuò jǐhàoxiàn dìtiě？
취 베이징 짠 쭤 지하오시엔 띠티에？

你 得 坐 一号线。
Nǐ děi zuò yíhàoxiàn。
니 데이 쭤 이하오시엔.

단어노트

- **北京** 베이징(북경)
- **需要** 필요하다
- **换车** 차를 바꾸어 타다
- **这里** 이곳, 여기
- **几号线** 몇 호선
- **一号线** 1호선

I'm going to Beijing station. Do I have to transfer ?

베이징역 가는데, 갈아타야 하나요 ?

I want to go here. Do I need to transfer ?

여기 가려고 하는데, 갈아타야 하나요 ?

I'm going to Beijing station. What line do I have to take ?

베이징역 가려는데, 몇 호선 타야 하나요 ?

You have to take Line 1.

1호선 타야합니다.

어법노트

❶ 조동사 得

조동사 得는 要와 같은 의미이지만 주로 구어에서 많이 사용되며 '(마땅히) …해야 한다(겠다)' 란 뜻으로 쓰인다. 이때, 得는 비교적 객관적인 의지를 나타내는 반면, 要는 주관적인 의지를 나타낸다.

❷ 需要 VS 要

需要와 要는 모두 조동사이지만, 그 의미는 서로 다르다. 需要는 '요구되다', '필요로 하다'라는 뜻을 가지고 있고, 要는 '해야 한다', '하려고 하다'란 뜻으로 사용된다.

中途 要 换车 吗？

Zhōngtú yào huànchē ma？

쫑투 야오 환처 마？

这里 可以 换站 (车) 吗？

Zhèli kěyǐ huànzhàn (chē) ma？

쩌리 커이 환짠 (처) 마？

地铁 线路 图 在 哪儿？

Dìtiě xiànlù tú zài nǎr？

띠티에 시엔루 투 짜이 나얼？

已经 过了 北京 站 了 吗？

Yǐjīng guòle Běijīng zhàn le ma？

이징 꿔러 베이징 짠 러 마？

是的，已经 过了。

Shìde，yǐjīng guòle。

스더, 이징 꿔러.

단어노트

- **换站** 갈아타다
- **线路图** 노선도
- **地铁线路图** 지하철 노선도
- **已经** 이미, 벌써
- **过了** 지나갔다
- **是的** 그렇습니다

Do I have to transfer halfway ?

중간에 갈아타야 하나요 ?

Can I transfer here ?

여기서 갈아탈 수 있나요 ?

Where is the subway map ?

지하철 노선도는 어디에 있나요 ?

Has it passed Beijing station ?

베이징 역을 지나쳤나요 ?

Yes, It's already passed.

네, 지나갔습니다.

어법노트

❶ 과거완료

과거완료는 과거의 어느 때에 이미 있었거나 행하여졌던 동작을 나타낸다. 중국어의 과거완료형은 동사 뒤에 조사 了를 붙여 사용한다. 예 过了北京站吗 ? (과거 어느 시점에 베이징역을 지나갔습니까?)

❷ 현재완료

현재완료는 과거에 시작하였던 동작이 현재에 끝났음을 나타내는 시제이다. 중국어의 현재완료형은 동사 뒤와 문장 끝에 조사 了를 붙여 사용한다. 예 过了北京站了吗 ?

没有，下一站 就 是。
Méiyǒu，xiàyízhàn jiù shì。
메이요우, 샤이짠 지우 스.

到 北京 站 还有 (要) 几 站？
Dào Běijīng zhàn háiyǒu (yào) jǐ zhàn？
따오 베이징 짠 하이요우 (야오) 지 짠？

到 北京 站 还有 三 站。
Dào Běijīng zhàn háiyǒu sān zhàn。
따오 베이징 짠 하이요 싼 짠.

到了 北京 站，请 告诉 我。
Dàole Běijīng zhàn，qǐng gàosu wǒ。
따오러 베이징 짠, 칭 까오수 워.

단어노트

- **下一站** 다음 정거장
- **要** 필요하다
- **几站** 몇 정거장
- **三站** 세 정거장
- **请** ~해 주세요
- **告诉** 알리다

No, it's the next station.

아니요, 다음 역입니다.

How many stops are there to Beijing station?

베이징 역까지 몇 정거장 남았나요?

There are three more stops to Beijing station.

베이징 역까지 세 정거장 남았습니다.

Please let me know when you get to Beijing station.

베이징 역에 도착하면 알려주세요.

어법노트

❶ 还有 VS 还要

还有는 '아직 ~을 가지고 있다'라는 뜻에서 '아직 ~가 남았다'라는 뜻으로 쓰이는 것이고, 还要는 '아직 ~가 필요하다'라는 뜻에서 '아직 ~가 남다'라는 뜻으로 사용된다.

❷ 동사 到

동사 到는 '도착하다', '도달하다', '~에 이르다(미치다)', '(시간 · 기간 · 날짜가) 되다' 등의 의미가 있다. 개사로 사용될 때는 '~에', '~로', '~까지'로 해석한다.

④ 출구 찾기

人民 大会堂 是 从 几号 出口 出去？

Rénmín dàhuìtáng shì cóng jǐhào chūkǒu chūqù？

런민 따훼이탕 스 총 지하오 추커우 추취？

颐和园 是 从 哪个 方向 出去？

Yíhéyuán shì cóng nǎge fāngxiàng chūqù？

이허위엔 스 총 나거 팡샹 추취？

天安门 从 哪儿 出去？

Tiān'ānmén cóng nǎr chūqù？

텐안먼 총 나얼 추취？

从 A 号 出口 出去 可以 到 天安门 吗？

Cóng A hào chūkǒu chūqù kěyǐ dào Tiān'ānmén ma？

총 A 하오 추커우 추취 커이 따오 텐안먼 마？

단어노트

- **人民** 인민
- **大会堂** 대회의장
- **从** ~에서부터
- **出去** 나가다
- **颐和园** 이허위엔(이화원)
- **哪个方向** 어느 방향

Which exit should I take to the Great Hall of the people?
인민대회당은 몇 번 출구로 나가야 하나요?

Which direction should I go to The Summer Palace?
이화원(이허위엔)은 어느 방향으로 나가야 하나요?

Where should I go to Tiananmen?
천안문(텐안먼)은 어디로 나가요?

Can I get to Tiananmen from Exit A?
A출구로 나가면 천안문(텐안먼)에 갈 수 있나요?

어법노트

❶ 개사 从
从은 원래 '쫓다', '~을 따르다'라는 뜻의 동사이나, 지금은 주로 장소 · 시간의 출발점을 나타내는 '~부터'라는 뜻의 개사(전치사)로 사용된다. 예 从南到北.

❷ 出去 VS 出来
出은 '(안에서 밖으로) 나가다'란 뜻으로, 그 동작이나 행위의 방향을 보충할 때는 '出' 뒤에 단순방향보어인 去와 来를 쓸 수 있다. 出去는 상대방이 안에 있는 상황에서 행위자가 안에서 밖으로 '나가다'는 뜻이고, 出来는 상대방이 밖에 있는 상황에서 행위자가 안에서 밖으로 '나오다'는 뜻이다.

B 号 出口 在 哪儿？
B hào chūkǒu zài nǎr？
B 하오 추커오 짜 나얼？

从 这儿 出去 可以 搭 公共 汽车 吗？
Cóng zhèr chūqù kěyǐ dā gōnggòng qìchē ma？
총 쩌얼 추취 커이 따 꽁꽁 치처 마？

从 这儿 出去 可以 搭 出租车 吗？
Cóng zhèr chūqù kěyǐ dā chūzūchē ma？
총 쩌얼 추취 커이 따 추주처 마？

단어노트

- **B号出口** B번 출구
- **可以** 할 수 있다
- **搭** 탑승하다
- **公共汽车** 공용버스
- **出租车** 택시

Where is Exit B ?

B출구는 어디인가요 ?

Can I take a bus if I go out here ?

이곳으로 나가면 버스를 탈 수 있나요 ?

Can I take a taxi if I go out here ?

이곳으로 나가면 택시를 탈 수 있나요 ?

어법노트

❶ 이합사 搭车

搭车는 "차량에 탑승하다" 혹은 "차를 타다"라는 뜻을 가진 이합사이다. 그 구조는 동사(搭)+명사(车) 형태이다. 이합사의 특성상 搭车는 서로 떨어져 사용되기도 한다. 예 搭公共汽车, 搭出租车.

❷ 조동사 可以

조동사 可以는 '할 수 있다'는 뜻이지만 그 뜻에는 '(주관적으로 허락 혹은 상황이 되어서) 할 수 있다'는 의미가 내포되어 있다. 예 我可以喝酒。(나는 성인이 되어서 술을 마실 수 있다.)

홍콩에 가볼까!

홍콩은 중국 남부 광동성에 있는 주장(珠江) 하구 동쪽 난하이(南海) 연안에 위치해 있다. 광동성의 성도인 광저우(广州)에서 남쪽으로 약 140㎞ 정도 떨어져 있다. 홍콩은 홍콩섬과 주룽반도(九龙半岛)의 주룽(九龙) · 신계(新界) 지구와 그 부속도서를 포함한다. 홍콩은 중국의 영토이기는 하나 특별행정구이기 때문에 고도의 자치권을 가지고 있으며, 화폐와 신분증, 법률 등 각종 제도가 중국 내륙과 서로 다르다.

홍콩의 한자 이름은 향나무 향(香) 자와 항구 항(港) 자가 결합된 것이다. 이 명칭은 과거 동완(东莞)에서 향나무를 중계 운송하는 항구가 있어서 생긴 이름이다. 향항(香港, 중국어 샹강)을 광둥어(廣東語) 발음으로 읽으면 영어식으로 HongKong이 된다.

화려한 야경과 다양한 먹거리, 그리고 쇼핑은 홍콩 여행의 3대 요소이다. 빅토리아 파크에서 화려한 야경을 구경하고 딤섬과 밀크티를 마시며 쇼핑을 한다면 기억에 남는 여행이 될 것이다. 그밖에 침사추이나 완차이에 가면 야시장은 물론 다양한 쇼핑센터에서 패션의류, 액세서리, 기념품 등을 저렴하게 구매할 수 있다. 홍콩 디즈니랜드, 레이디스 마켓, 해양공원도 한번 가볼 만한 곳이다.

연습문제 UNIT 02

01 아래 보기의 단어와 뜻이 서로 어울리는 것을 골라 짝을 맞추어 보세요.

拐 •	• 표를 사다
购票 •	• 곧바로
前边 •	• 대각선 쪽
一直 •	• 방향을 바꾸다
斜对面 •	• 앞쪽

02 주어진 단어의 뜻을 빈칸에 적어보세요.

① 换车 (　　　　　　　　　　)
② 已经 (　　　　　　　　　　)
③ 告诉 (　　　　　　　　　　)
④ 出去 (　　　　　　　　　　)
⑤ 出租车 (　　　　　　　　　　)

03 주어진 문장의 한어병음(성조포함)을 빈칸에 적어보세요.

① 在哪儿购票？ (　　　　　　　　　　)
② 地铁出入口在哪儿？ (　　　　　　　　　　)
③ 地铁线路图在哪儿？ (　　　　　　　　　　)
④ 已经过了北京站了吗？ (　　　　　　　　　　)
⑤ 到北京站还有(要)几站？ (　　　　　　　　　　)

04 다음 문장을 해석해 보세요.

① 请问，南京站在哪儿？

____

② 往南京站的地铁，在哪儿搭车？

____

③ 最近的地铁站在哪儿？

____

④ 王府井要往哪个方向去？

____

⑤ 去北京站坐几号线地铁？

____

05 다음 문장을 중국어로 작문해보세요.

① 인민대회당은 몇 번 출구로 나가야 하나요?

____

② 이곳으로 나가면 버스를 탈 수 있나요?

____

③ 지하철 노선도는 어디에 있나요?

____

④ 왕푸징은 어느 방향으로 가야 하나요?

____

⑤ 지하철 출입구가 어디인가요?

____

UNIT 03

관광지에서

주요내용

(1) 관광안내 받기

(2) 입장권 구매

(3) 사진 찍기

UNIT 03 관광지에서

1 관광안내 받기

入口 在 哪儿？
Rùkǒu zài nǎr？
루커우 짜이 나얼？

出口 在 哪儿？
Chūkǒu zài nǎr？
추커우 짜이 나얼？

你们 有 观光 地图 吗？
Nǐmen yǒu guānguāng dìtú ma？
니먼 요우 관광 띠투 마？

你们 有 没有 旅游 指南？
Nǐmen yǒu méiyou lǚyóu zhǐnán？
니먼 요우 메이요우 뤼요우 즈난？

단어노트

• 入口 입구 • 在 ~에 (위치해) 있다 • 哪儿 어디 • 出口 출구
• 你们 당신들, 너희들 • 有 (소유하고) 있다 • 观光 관광
• 地图 지도 • 没有 없다 • 旅游 여행, 관광 指南 지침, 지도서

Where is the entrance?

입구가 어디인가요?

Where is the exit?

출구가 어디인가요?

Do you have any tourist map?

관광지도 있나요?

Do you have a travel guidebook?

여행안내서 있나요?

어법노트

❶ 정반의문문 有没有

有没有는 긍정적인 표현 有와 부정적인 표현 没有가 결합된 정반의문문이다. '~있어요? 없어요?' 혹은 그냥 '~있어요?'라고 해석할 수 있다.

❷ 观光 VS 旅游

观光은 동사로는 '관광하다' 혹은 '참관하다'라는 뜻이고, 명사로는 '관광'이란 뜻을 가지고 있다. 旅游는 동사로는 '여행하다' 혹은 '관광하다'라는 뜻이고, 명사로는 '여행' 혹은 '관광'이란 뜻을 가지고 있다. 두 단어 모두 동사보다는 명사로 주로 사용된다. 예 观光地图, 旅游指南.

你们 有 韩语 的 旅游 指南 吗？
Nǐmen yǒu hányǔ de lǚyóu zhǐnán ma？
니먼 요우 한위 더 뤼요우 즈난 마？

这 是 免费 的 吗？
Zhè shì miǎnfèi de ma？
쩌 스 멘페이 더 마？

这个 可以 拿 吗？
Zhège kěyǐ ná ma？
쩌거 커이 나 마？

这个 不用 钱 吗？
Zhège búyòng qián ma？
쩌거 부용 첸 마？

단어노트

- **韩语** 한국어 · **的** ~의 · **这** 이, 이것
- **是** ~이다 · **免费** 무료 · **个** (양사) 개, 명 · **可以** ~할 수 있다
- **拿** 붙잡다 · **用** 쓰다 · **钱** 돈

Do you have a travel guidebook for korean ?

한국어로 된 여행안내서 있나요 ?

Is this free ?

이거 무료인가요 ?

Can I take this ?

이거 가져가도 되나요 ?

Do I have to pay for this ?

이거 돈 안내도 되나요 ?

어법노트

❶ 명사 韩语

명사 韩语는 '한국어'란 뜻의 '韩国语(hánguóyǔ)'의 약칭이다. 또 다른 표현으로는 '韩文(Hánwén)'이 있다. 간혹 중국어(汉语)의 발음 Hànyǔ와 헷갈릴 수 있으니 '韩国语(hánguóyǔ)'를 사용해도 무방하다.

❷ 동사 不用

不用은 '사용하지 않다' 혹은 '쓰지 않다'란 뜻의 동사이지만, 간혹 '~할 필요가 없다' 혹은 '하지 마라' 등 부사로 쓰여 사실상 필요가 없거나 그만두도록 제지함을 나타낼 때 사용된다. 예 不用去了, 不用谢了.

这里 是 在 哪里？

Zhèlǐ shì zài nǎli？

쩌리 스 짜이 나리？

这儿 有 哪些 风景区？

Zhèr yǒu nǎxiē fēngjǐngqū？

쩌얼 요우 나시에 펑징취？

你 可以 介绍 一下 这儿 的 名胜 古迹 吗？

Nǐ kěyǐ jièshào yíxià zhèr de míngshèng gǔjì ma？

니 커이 지에샤오 이샤 쩌얼 더 밍성 구지 마？

你 可以 介绍 一下 年轻 人 喜欢 的 地方 吗？

Nǐ kěyǐ jièshào yíxià niánqīng rén xǐhuan de dìfāng ma？

니 커이 지에샤오 이샤 녠칭 런 시환 더 띠팡 마？

단어노트

- **这里** 여기, 이곳 • **是** ~이다 • **在** ~에 (위치해 있다) • **哪里** 어디
- **这儿** 이곳 • **哪** 어느 • **些** 조금, 약간 • **风景** 풍경 • **区** 구역
- **介绍** 소개하다 • **一下** 한 번 • **名胜** 명승 • **古迹** 고적
- **年轻** 젊다 • **人** 사람 • **喜欢** 좋아하다 • **地方** 지방, 지역, 곳

Where is this ?

여기가 어디인가요 ?

What scenic spots are there ?

여기는 어떤 관광지가 있나요 ?

Can you introduce some places of interest here ?

이곳의 유적지를 소개해 줄 수 있나요 ?

Can you introduce a place that young people like ?

젊은 사람들이 좋아하는 곳을 소개해 줄 수 있어요 ?

어법노트

❶ 这儿 VS 那儿

这儿는 '이곳', '여기'라는 뜻으로 '这里'로 바꾸어 사용할 수 있으며, 那儿은 '저곳', '저기'라는 뜻으로 '那里'로 바꾸어 사용할 수 있다.

❷ 양사 些

양사 (一)些는 '약간', '조금'이란 뜻으로 ① 명사 앞에 쓰여 불확실한 수량을 표시하거나(예 你吃些饭吧!), ② '一点儿'처럼 형용사나 일부 동사 뒤에 쓰여 적은 수량을 표시한다.(예 多看一些.)

② 입장권 구매

售票处 怎么 走？

Shòupiàochù zěnme zǒu？

서우퍄오추 전머 쩌우？

就 在 右边。

Jiù zài yòubiān。

지우 짜이 요우볜.

入场券 一 张 多少 钱？

Rùchǎngquàn yì zhāng duōshao qián？

루창취엔 이 짱 둬샤오 첸.

大人 十 块, 儿童 五 块。

Dàrén shí kuài, értóng wǔ kuài。

따런 스 콰이, 얼퉁 우 콰이.

단어노트

- **售票处** 매표소 • **怎么** 어떻게 • **走** 가다, (걸어서) 가다
- **就** 곧, 바로 • **右边** 오른쪽 • **入场券** 입장권
- **张** (양사) 장 • **多少** 얼마 • **大人** 대인, 어른
- **十** (열) 십, 10 • **块** (돈) 원 • **儿童** 아동 • **五** 오, 5

How can I get to the ticket office ?

매표소 어떻게 가나요 ?

It's on the right side.

바로 우측에 있습니다.

How much is it for one ticket ?

입장권 1장에 얼마인가요 ?

Adults are 10 yuan and children are 5 yuan.

어른은 10 위안이고, 어린이는 5 위안입니다.

어법노트

❶ 售票 VS 卖票

卖票(màipiào)는 모두 '표를 팔다'란 뜻이다. 예 售票口=卖票口. 卖票는 주로 말할 때 자주 사용하고, 售票는 글로 쓸 때 주로 사용한다.

❷ 명사술어문

명사술어문은 술어 부분의 '是'를 생략하고 명사성 어구(명사, 명사구, 대명사, 수사, 수량사구 등)로 구성된 문장을 말한다. 나이, 시간, 요일, 날씨, 가격 등을 묻고 답할 때 주로 쓰인다. 단, 부정형을 만들 때는 '是'를 생략할 수 없다. 예 大人十块, 儿童五块, 今天星期二, 今年二十五岁.

几岁算儿童票？
Jǐ suì suàn értóng piào？
지 쉐이 솬 얼통 퍄오？

三岁到十二岁算儿童。
Sān suì dào shí èr suì suàn értóng。
싼 쉐이 따오 스 얼 쉐이 솬 얼통.

有团体票吗？
Yǒu tuántǐ piào ma？
요우 톽티 퍄오 마？

团体票打几折？
Tuántǐ piào dǎ jǐ zhé？
톽티 퍄오 다 지 저？

단어노트

• **几** 몇 • **岁** 세, 살 • **算** 계산하다 • **儿童** 아동 • **票** 표
• **三** 삼, 3 • **到** ~까지 • **十二** 십이, 12 • **有** ~ (소유하고) 있다
• **团体** 단체 • **打** 치다 • **折** 꺾다, ~할(%)

What ages are children's tickets ?

어린이표는 몇살인가요?

Children's tickets are from age of 3 to 12.

어린이 표는 3살에서 12살까지 입니다.

Do you have a group ticket ?

단체표 있나요 ?

How much discount is the group tickets ?

단체표는 얼마나 할인되나요 ?

어법노트

❶ 동사 算

算은 ' (숫자를) 계산(하다)' 혹은 '셈(하다)'라는 뜻의 명사이자 동사이다. 간혹 본문에서처럼 '계산에 넣다', '치다', '셈에 넣다', '포함시키다' 등의 뜻으로 사용된다.

❷ 打折 VS 打几折

'할인하다'란 뜻의 打折는 동사 打(치다)와 '할인' 혹은 '~할(%)'이란 뜻의 명사 折가 결합된 이합사이다. 이때 "20%를 할인해 준다"는 뜻은 '打八折'라고 작문할 수 있고, "몇 %를 할인해 줍니까 ? "는 '打几折 ? '로 번역할 수 있다.

有 学生 票 吗？

Yǒu xuéshēng piào ma？

요우 쉐성 퍄오 마？

学生 票 一 张 多少 钱？

Xuéshēng piào yì zhāng duōshao qián？

쉐성 퍄오 이 짱 둬샤오 첸？

这 是 我 的 学生 证。

Zhè shì wǒ de xuéshēng zhèng。

쩌 스 워 더 쉐성 쩡.

단어노트

- **学生** 학생 • **票** 표 • **吗** (조사) 입니까
- **张** (양사) 장 • **多少** 얼마 • **钱** 돈 • **这** 이, 이것
- **是** ~이다 • **的** ~의 • **学生证** 학생증

Do you have student tickets ?

학생표도 있나요 ?

How much is it for a student ticket ?

학생표 1장에 얼마인가요 ?

Here is my student ID.

여기 제 학생증 있습니다.

어법노트

❶ 多少 VS 几

多少와 几는 모두 수를 묻는 의문사이지만, 약간 차이가 있다. ① 几는 주로 10 이하의 수를 물을 때 사용하며, 多少는 10 이상으로 예상하는 수나 크기에 상관없는 수량을 물을 때 사용한다. ② 월, 일, 요일과 같이 주기적으로 반복되는 기간(날짜와 시간 등)을 물을 때는 几를, 가격이나 번호 등을 물을 때는 多少를 사용한다. ③ 几는 수식하는 명사 앞에 쓰일 때는 반드시 几와 명사 사이에 양사가 있어야 하지만, 의문대사인 多少는 양사 없이도 사용할 수 있다. 예 几个人？ 多少人？

❷ 명사 证

证은 원래 '증명하다'라는 뜻의 동사이지만, 간혹 명사 뒤에 붙어 '증거', '증서', '증명서' 등의 뜻으로 사용된다.

③ 사진 찍기

可以 帮 我 照相 吗？

Kěyǐ bāng wǒ zhàoxiàng ma？

커이 빵 워 짜오샹 마？

按 这边 的 钮 就 可以 了。

Àn zhèbiān de niǔ jiù kěyǐ le。

안 쩌볜 더 니우 지우 커이 러.

照 半身 就 可以了。

Zhào bànshēn jiù kěyǐ le。

짜오 빤선 지우 커이 러.

照 全身 就 可以 了。

Zhào quánshēn jiù kěyǐ le。

짜오 취엔선 지우 커이 러.

단어노트

- **可以** ~할 수 있다 • **帮** 돕다 • **照相** 사진을 찍다 • **按** 누르다
- **这边** 이쪽 • **钮** 단추 • **就** 곧, 바로 • **了** 조사(변화, 완료)
- **照** 비추다, 찍다 • **半身** 반신, 상반신 • **全身** 전신

Could you take a picture for me ?

사진 좀 찍어 주시겠습니까 ?

Just press the button here.

이쪽의 버튼을 누르시면 됩니다.

Just take a half body picture, please.

상반신만 찍어주세요.

Please take a whole body picture.

전신을 다 찍어 주세요.

어법노트

❶ 帮我 구문

帮我 구문은 "나를 도와서 ~을 해주세요."라는 구절을 만들 때 사용한다. 어순은 帮我+V(동사)+O(명사) 이다. 이때 문장 앞에 '请'을 넣어 표현할 수도 있다. 예 请帮我照相。

❷ 동사 按

按은 원래 '(손이나 손가락으로) 누르다'라는 뜻의 동사이나, 간혹 '…에 따라서' 혹은 '…에 의해서'라는 뜻의 개사(전치사)로도 사용된다. 예 你按他说的话去做就可以。

麻烦 你 再 来 一 张。

Máfán nǐ zài lái yì zhāng。

마판 니 짜이 라이 이 짱.

这里 可以 照相 吗？

Zhèlǐ kěyǐ zhàoxiàng ma？

쩌리 커이 짜오샹 마？

我 可以 用 闪光灯 吗？

Wǒ kěyǐ yòng shǎnguāngdēng ma？

워 커이 용 산광덩 마？

内存卡 在 哪儿 可以 买？

Nèicúnkǎ zài nǎr kěyǐ mǎi？

네이촌카 짜이 나얼 커이 마이？

단어노트

- **麻烦** 귀찮다, 귀찮게 하다 · **来** 오다, (어떤 동작 · 행동을) 하다
- **再** 다시 · **这里** 이곳, 여기 · **用** 쓰다, 사용하다
- **闪光灯** 섬광등, 플래시 · **内存卡** 메모리카드 · **在** ~에(서)
- **哪儿** 어디 · **买** 사다

Please take one more picture.

1장 더 찍어 주세요.

Can I take pictures here ?

여기서 사진 찍어도 되나요 ?

Can I burst the flash ?

플래시 터트려도 되나요 ?

Where can I buy a memory card ?

메모리 카드 어디서 사나요 ?

어법노트

❶ 동사 麻烦

麻烦은 원래 형용사로 '귀찮다'라는 뜻이나, 가끔 동사로 쓰여 '귀찮게(번거롭게) 하다', '성가시게 굴다', '부담을 주다', '폐를 끼치다'란 뜻으로 사용된다.

❷ 照相 VS 照片

'사진을 찍다'라는 뜻의 照相은 동사 照(비치다, 찍다)와 명사 相片(xiàngpiàn, 사진)이 결합된 이합사이며(예 麻烦你帮我照个相。), 명사 '사진'이라는 뜻도 가지고 있다. 반면에 照片은 이합사가 아닌 일반명사인 '사진'(=相片)을 뜻한다.

数码 相机 内存卡 多少 钱？

Shùmǎ xiàngjī nèicúnkǎ duōshao qián？

수마 샹지 네이촌카 둬샤오 첸？

这 附近 有 没有 数码 冲印店？

Zhè fùjìn yǒu méiyou shùmǎ chōngyìndiàn？

쩌 푸진 요우 메이요우 수마 총인덴？

这儿 可以 数码 冲印 吗？

Zhèr kěyǐ shùmǎ chōngyìn ma？

쩌얼 커이 수마 총인 마？

단어노트

- **数码** 디지털 · **相机** 카메라 · **内存卡** 메모리카드 · **多少** 얼마
- **钱** 돈 · **这** 이, 이것 · **附近** 부근 · **没有** 없다
- **冲印店** 사진인화점 · **数码冲印店** 디지털사진관 · **这儿** 이곳
- **数码冲印** 디지털 카메라 사진을 인화하다

How much is the digital camera memory card?

디지털카메라 메모리 카드 얼마인가요?

Is there a digital camera photo studio around here?

이 근처에 디지털카메라 사진관이 있나요?

Can I print out a digital camera here?

여기서 디지털카메라 인화할 수 있나요?

어법노트

❶ 명사 附近

附近은 '부근' 혹은 '근처'라는 뜻의 명사이다. 단독으로 사용할 수도 있고(예 附近有商店吗?), 명사 뒤에 붙여 사용할 수도 있다. 예 学校附近, 食堂附近.

❷ 동사 冲印

冲印은 '(필름을) 현상하고 (사진을) 인화하다'라는 뜻의 동사이다. 문장에서 술어로 사용할 수도 있고(예 请帮我冲印一张。), 명사를 수식하는 관형어로도 사용할 수 있다.(예 冲印店)

请问，网上 冲印 一 张 多少 钱？

Qǐngwèn，wǎngshàng chōngyìn yì zhāng duōshao qián？

칭원, 왕상 총인 이 짱 뚸샤오 첸？

冲印 要 多长 时间？

Chōngyìn yào duōcháng shíjiān？

총인 야오 뚸창 스젠？

什么 时候 可以 拿？

Shénme shíhòu kěyǐ ná？

선머 스허우 커이 나？

단어노트

- **请** 요청하다 • **问** 물어보다 • **请问** 말씀 좀 묻겠습니다
- **网上** 인터넷에서 • **冲印** 인화하다 • **要** 필요하다, 원하다
- **多长** 얼마나 긴 • **时间** 시간 • **什么时候** 언제 • **拿** 가져가다

Excuse me, how much is an online print?

실례지만, 인터넷에서 인화하는데 1장에 얼마인가요?

How long does it take to print?

인화하는데 얼마나 걸리나요?

When can I get it?

언제 가져갈 수 있나요?

어법노트

❶ 网上 VS 上网

网上은 명사 网(인터넷)과 방위사 上(위)이 결합된 단어로 '인터넷에서'라는 뜻으로 해석된다. 上网은 동사 上과 명사 网이 결합된 이합사로, 영어의 숙어 혹은 관용구의 역할을 한다. 관용구는 두 개 이상의 단어로 이루어져 있으면서 그 단어들의 의미만으로는 전체의 의미를 알 수 없는 특수한 의미를 나타내는 어구이다. 이합사의 가장 대표적인 특징은 이합사 뒤에 목적어를 놓을 수 없다.

❷ 多+형용사 구문

多는 원래 '많다'라는 뜻의 형용사이나, 간혹 또 다른 형용사 앞에 쓰여 '얼마나'라는 뜻의 부사로 사용되기도 한다. '多+형용사' 형태로 의문문에 쓰여 정도를 물어볼 때 사용한다. 예 多长时间? 多大年纪?

마카오에 가볼까!

마카오는 중국 남부 광동성 지역을 흐르는 주강의 하구에 위치해 있다. 16세기 포르투갈이 아시아 지역 무역을 확대하기 위해 이곳에 도시건설 허가권을 얻으면서 발전하기 시작하였다. 포르투갈 사람이 현지인에게 이곳이 어디냐고 물으니, '아마가오(阿媽閣)'라고 대답하면서 이곳을 '마카오'라고 부르기 시작하였다. 중국어로는 '아오먼(澳門)'이라고 한다.

포르투갈 상인들의 정착으로 활발한 해상무역을 통해 번영을 이루었으며, 이로써 마카오는 동양과 서양을 연결하는 만남의 장소가 되었다. 로마 교황청은 마카오에 기독교 대학을 설립하고 마테오 리치 등 수많은 동서양의 신학생을 배출하였다. 이 대학이 바로 오늘날의 성 바울 성당이다. 이를 시작으로 교회들과 서양식 건물들이 건축되어 아시아의 유럽풍 도시로 변모하였다.

마카오는 중화인민공화국의 특별행정구역으로, 홍콩과 마찬가지로 고도의 자치권을 가지고 있으며, 화폐와 신분증, 각종 제도가 중국 내륙과 서로 다르다. 현재 마카오에는 수많은 호텔, 리조트, 스포츠 시설, 레스토랑 등 관광산업뿐만 아니라, 섬유, 전자제품, 장난감 산업 등도 발전하고 있다. 특히 카지노 등 사행성 산업은 마카오 경제를 견인하고 있는 중요 산업 중에 하나이다.

연습문제

UNIT 03

01 아래 보기의 단어와 뜻이 서로 어울리는 것을 골라 짝을 맞추어 보세요.

出口 •	• 소개하다
免费 •	• 출구
喜欢 •	• 무료
介绍 •	• 좋아하다
儿童 •	• 아동

02 주어진 단어의 뜻을 빈칸에 적어보세요.

① 团体 (　　　　　　　　　)
② 全身 (　　　　　　　　　)
③ 麻烦 (　　　　　　　　　)
④ 附近 (　　　　　　　　　)
⑤ 冲印 (　　　　　　　　　)

03 주어진 문장의 한어병음(성조포함)을 빈칸에 적어보세요.

① 这儿有哪些风景区？ (　　　　　　　　　)
② 售票处怎么走？ (　　　　　　　　　)
③ 入场券一张多少钱？ (　　　　　　　　　)
④ 学生票一张多少钱？ (　　　　　　　　　)
⑤ 可以帮我照相吗？ (　　　　　　　　　)

04 다음 문장을 해석해 보세요.

① 按这边的钮就可以了。

____

② 这里可以照相吗？

____

③ 我可以用闪光灯吗？

____

④ 数码相机内存卡多少钱？

____

⑤ 请问，网上冲印一张多少钱？

____

05 다음 문장을 중국어로 작문해보세요.

① 관광지도 있나요?

____

② 한국어로 된 여행안내서 있나요?

____

③ 학생표 1장에 얼마인가요?

____

④ 사진 좀 찍어 주시겠습니까?

____

⑤ 디지털카메라 메모리 카드 얼마인가요?

____

UNIT 04

식음료 주문하기

주요내용

(1) 일반음식 주문하기

(2) 음식 주문하기의 또 다른 표현

(3) 패스트푸드 주문하기

(4) 음료와 술 주문하기

UNIT 04 식음료 주문하기

① 일반음식 주문하기

请问，有 座位 吗？
Qǐngwèn，yǒu zuòwèi ma？
칭원, 요우 쭤웨이 마？

请 给 我 菜单。
Qǐng gěi wǒ càidān。
칭 게이 워 차이딴

您 要 点 什么 菜？
Nín yào diǎn shénme cài？
닌 야오 디엔 선머 차이？

来 一 个 北京 烤鸭，一 个 麻婆 豆腐。
Lái yí ge běijīng kǎoyā，yí ge mápó dòufu。
라이 이 거 베이징 카오야, 이 거 마포 떠우푸.

단어노트

- **座位** 좌석, 자리 • **给** ~에게 ~을 주다 • **菜单** 메뉴판
- **点** 고르다, 선택하다 • **菜** 채소, 요리 • **来** 가져다 주다
- **北京** 베이징 • **烤鸭** 오리구이 • **麻婆豆腐** 마파두부

Excuse me. Do you have a seat?

실례지만, 자리 있나요?

May I have a menu, please.

메뉴판 주세요.

What would you like?

주문하시겠습니까?

A Peking duck and a Mapa Tofu, please.

북경오리 하나하고, 마파두부 하나 주세요.

어법노트

❶ 座位 VS 位子

座位(zuòwèi)는 '자리' 혹은 '좌석'이란 뜻을 가진 명사로 앉을 수 있는 깔개, 방석, 의자 등 기구를 의미이고, 位子(wèizi)도 '자리' 혹은 '좌석'이란 뜻을 가진 명사로 깔개, 방석, 의자 등 기구를 포함할 뿐만 아니라 '지위' 혹은 '임금자리' 등 무형의 자리도 의미한다.

❷ 동사 来

来는 원래 '오다'라는 뜻의 동사이지만, 가끔 '가지고 오세요' 혹은 '주세요'라는 뜻으로 사용되기도 한다.

再 来 一 个 酸辣汤。
Zài lái yí ge suānlàtāng。
짜이 라이 이 거 솬라탕.

来 一 瓶 红酒。
Lái yì píng hóngjiǔ。
라이 이 핑 홍지우.

别 放 香菜。
Bié fàng xiāngcài。
비에 팡 샹차이.

服务员， 买单。
Fúwùyuán， mǎidān。
푸우위엔, 마이딴.

开 一 张 收据， 好 吗？
Kāi yì zhāng shōujù， hǎo ma？
카이 이 짱 서우쥐, 하오 마？

단어노트

- **酸辣汤** (중국요리) 솬라탕 · **瓶** (양사) 병 · **红酒** 포도주
- **别** ~하지 않다 · **放** 놓다 · **香菜** 고수 · **服务员** 종업원
- **买单** 계산하다 · **开** 열다, 발행하다 · **收据** 영수증

Give me Hot-and-Sour Soup, too.

솬라탕도 하나 주세요.

A bottle of red wine, please.

포도주 한 병 주세요.

Don't put Coriander(Shang Chai).

샹차이(고수) 넣지 마세요.

Waiter, bill please.

여기 계산이요.

A receipt, please.

영수증 주세요.

어법노트

❶ 别 VS 不要

别와 不要는 모두 '~하지 마라'는 뜻을 가지고 있지만, 서로 약간의 차이를 보인다. 别는 부사이고, 말할 때 보다는 쓸 때 주로 사용된다. 不要는 부정부사 不와 조동사 要로 결합된 단어이고, 쓸 때 보다는 말할 때 주로 사용된다.

❷ 이합사 买单

买单은 동사 买와 명사 单子(dānzi, 명세서)가 결합된 이합사이다. 명사 '계산서' 혹은 '주문서'란 뜻도 있다.

② 음식 주문하기의 또 다른 표현

这 不 是 我们 点 的。

Zhè bú shì wǒmen diǎn de。

쩌 부 스 워먼 디엔 더.

点 的 菜 还 没 出来。请 快 点儿 吧。

Diǎn de cài hái méi chūlái。Qǐng kuài diǎnr ba。

디엔 더 차이 하이 메이 추라이. 칭 콰이 디얼 바.

菜 吃 完 了， 现在 可以 上 饭 了。

Cài chī wán le， xiànzài kěyǐ shàng fàn le。

차이 츠 완 러, 시엔짜이 커이 상 판 러.

现在 上 汤， 可以 吗？

Xiànzài shàng tāng， kěyǐ ma？

시엔짜이 상 탕, 커이 마 ?

단어노트

- **我们** 우리(들) · **还** 아직 · **没** (과거부정부사) 않았다
- **出来** 나오다 · **快** 빠르다 · **(一)点儿** 조금 · **吧** ~하자, ~해라
- **吃** 먹다 · **完** 끝나다, 완료하다 · **现在** 현재, 지금
- **上饭** 밥을 올리다 · **上汤** 탕을 올리다

This is not what we ordered.

이건 우리가 주문한 것이 아닌데요.

The dish hasn't come out yet. Please hurry up.

주문한 요리가 아직 안 나왔어요. 빨리 주세요.

I'm finish, give me a meal, please.

요리는 다 먹었으니, 밥 주세요.

Can I have the soup now?

탕 좀 올려주시겠어요.

어법노트

❶ 결과보어 完

完은 원래 '완전하다' 혹은 '완벽하다'란 뜻의 형용사이나, 가끔 동사 뒤에 쓰여 결과보어 역할을 한다. 예 吃完(다 먹었다), 喝完(다 마셨다) 등.

❷ 上饭 & 上汤

上饭과 上汤은 모두 '동사+명사(목적어)' 형태로 구성된 이합사이다. 上饭은 '밥을 올리다'라고 해석하고, 上汤은 '국 혹은 탕을 올리다'라고 해석한다.

请 换 一下 碟子。

Qǐng huàn yíxià diézi。

칭 환 이샤 디에쯔.

筷子 掉了，再 帮 我 拿 一 双。

Kuàizi diàole，zài bāng wǒ ná yí shuāng。

콰이쯔 댜오러, 짜이 빵 워 나 이 솽.

有 没有 餐巾纸？

Yǒu méiyǒu cānjīnzhǐ？

요우 메이요우 찬진즈？

麻烦 你 收拾 一下。

Máfán nǐ shōushi yíxià。

마판 니 서우스 이샤.

단어노트

- **换** 바꾸다, 교환하다
- **碟子** 접시
- **筷子** 젓가락
- **掉** 떨어뜨리다
- **再** 다시
- **帮** 돕다
- **双** (한) 쌍
- **餐巾** 냅킨
- **餐巾纸** 종이 냅킨
- **收拾** 정리하다

Please change the plate.

접시 좀 바꿔주세요.

Chopsticks fell to the ground. Another one please.

젓가락이 땅에 떨어졌는데, 하나 더 주세요.

I need some napkins.

냅킨 있어요?

Please clean up.

여기 좀 치워주세요.

어법노트

❶ 양사 双

双은 원래 둘씩 쌍을 이루는 것 '쌍(의)', '양쪽(의)', '쌍방(의)' 등의 뜻을 가지는 형용사이나, 간혹 '쌍', '매', '켤레' 등의 양사로도 사용된다.

❷ 양사 一下

동사 뒤에 一下를 붙이면 '가볍게 한번 해보자'의 의미를 갖는다. 예 换一下, 收拾一下 등.

要 冰镇 的。

Yào bīngzhèn de。

야오 삥쩐 더.

这儿 可以 抽烟 吗？

Zhèr kěyǐ chōuyān ma？

쩌얼 커이 처우옌 마？

有 烟灰缸 吗？

Yǒu yānhuīgāng ma？

요우 옌훼이깡 마？

咱们 AA 制 吧。

Zánmen AA zhì ba。

짠먼 AA 즈 바.

今天 我 请客。

Jīntiān wǒ qǐngkè。

진티엔 워 칭커.

단어노트

- **冰镇** 얼음으로 차게 하다
- **抽烟** 담배를 피우다
- **咱们** 우리
- **制** 제도
- **今天** 오늘
- **请** 초대하다
- **客** 손님

I'd like a cold one, please.

차가운 걸로 주세요.

Can I smoke here ?

여기 담배 펴도 되나요 ?

Do you have an ashtray ?

재떨이 있어요 ?

Let's go Dutch.

우리 더치페이 합시다.

It's my treat today.

오늘은 제가 낼게요.

어법노트

❶ 동사 冰镇

동사 冰镇은 '식품이나 음료를 얼음이 담긴 통에 넣어 차게 하다', '시원하게 하다', '냉각시키다'라는 뜻으로 쓰인다.

❷ AA制

AA 制는 'Algebraic Average(대수 평균, 사람 수로 나눈다)' 혹은 'Acting Appointment(지정된 것 내기)'의 약자이다.

③ 패스트푸드 주문하기

我 要 四 号 套餐。
Wǒ yào sì hào tàocān。
워 야오 쓰 하오 타오찬.

来 一 块 炸鸡。
Lái yí kuài zhájī。
라이 이 콰이 자지.

我 不要 套餐, 我 只 要 一 个 汉堡包 和 一 杯 可乐。
Wǒ búyào tàocān, wǒ zhǐ yào yí ge hànbǎobāo hé yì bēi kělè。
워 부야오 타오찬, 워 즈 야오 이 거 한바오빠오 허 이 뻬이 커러.

请 多 放 生菜。
Qǐng duō fàng shēngcài。
칭 둬 팡 성차이.

단어노트

- **四号** 4호
- **套餐** 세트메뉴
- **块** (양사) 조각
- **炸** 튀기다
- **鸡** 닭
- **只** 단지
- **汉堡包** 햄버거
- **和** 와, 과
- **杯** (양사) 잔
- **可乐** 콜라
- **多** 많다
- **放** 놓다
- **生菜** 신선한 야채

Please give me the set menu number 4.

4번 세트메뉴 주세요.

A piece of fried chicken, please.

후라이드 치킨 한 쪽 주세요.

I don't want a set meal. I just want a hamburger and a coke.

세트메뉴 말고요, 햄버거 하나하고 콜라 한 잔 주세요.

Please put more vegetables.

야채 좀 많이 넣어주세요.

어법노트

❶ 只要 구문

只要는 '…하기만 하면', 혹은 '만약…라면'라는 뜻의 접속사이다. 그러나 본문에서는 접속사로 사용된 것이 아니라 부사(只)와 동사(要)가 결합된 只要 구문으로 '단지 ~만 필요하다'란 뜻으로 사용되었다.

❷ 多+동사 구문

多는 원래 '많다'라는 뜻의 형용사이나, 간혹 동사 앞에 쓰여 '많이'라는 뜻의 부사로 사용되기도 한다. 예 多放, 多吃 등.

我 要 带走，请 打包 一下。

Wǒ yào dàizǒu，qǐng dǎbāo yíxià。

워 야오 따이쩌우, 칭 다빠오 이샤.

请 给 点 番茄酱。

Qǐng gěi diǎn fānqiéjiàng。

칭 게이 덴 판치에짱.

请 给 点 砂糖（奶精）。

Qǐng gěi diǎn shātáng（nǎijīng）。

칭 게이 덴 사탕 (나이징).

我 要 喝 可乐（汽水 or 雪碧）。

Wǒ yào hē kělè（qìshuǐ or xuébì）。

워 야오 허 커러 (치쉐이 or 쉐삐).

단어노트

- **带** 지니다 · **走** 가다 · **打包** 포장하다 · **番茄** 토마토
- **酱** 장류 · **番茄酱** 케첩 · **砂糖** 설탕 · **奶精** 커피크림
- **喝** 마시다 · **可乐** 콜라 · **汽水** 사이다 · **雪碧** 스프라이트

I want to take it. Please wrap it up.

가져갈 건데, 포장해 주세요.

Some ketchup, please.

케첩 좀 주세요.

Some sugar(cream), please.

설탕(크림) 좀 주세요.

I want a coke(soda or sprite).

콜라(사이다) 주세요.

어법노트

❶ 결과보어 走

走는 원래 '걷다' 혹은 '가다'란 뜻의 동사이나, 가끔 또 다른 동사 뒤에 쓰여 결과보어 역할을 한다. 예 带走, 拿走 등.

❷ 명사 点

点은 원래 '방울', '점', '시(시간)' 등의 뜻을 가진 명사이나, 간혹 '一点' 혹은 '一点儿(조금)'의 약자로 쓰여 극소의 형체 또는 극소의 수량을 나타내기도 한다.

可乐 可以 换成 咖啡 吗？
Kělè kěyǐ huànchéng kāfēi ma？
커러 커이 환청 카페이 마？

可乐 和 汽水 可以 续杯 吗？
Kělè hé qìshuǐ kěyǐ xùbēi ma？
커러 허 치쉐이 커이 쉬뻬이 마？

这 是 什么 费用？
Zhè shì shénme fèiyòng？
쩌 스 선머 페이용？

是 不是 算错了。
Shì búshì suàncuòle。
스 부스 솬춰러.

단어노트

- **换** 바꾸다 · **成** 이루어지다 · **换成** ~으로 바꾸다
- **咖啡** 커피 · **续** 이어지다 · **杯** 잔 · **续杯** 리필하다
- **什么** 무엇 · **费用** 비용 · **算** 계산하다 · **错** 틀리다, 맞지 않다
- **算错了** 계산을 잘못하다

Can I exchange coke for coffee ?

콜라를 커피로 바꿀 수 있나요 ?

Can I have a refill of coke and soda ?

콜라하고 사이다는 리필이 되나요 ?

What kind of fees is it ?

이건 무슨 비용이죠 ?

Did you miscalculate ?

잘 못 계산한 것 아닌가요 ?

어법노트

❶ 결과보어 成

成은 원래 '이루다', '완성하다', '(~으로) 되다'라는 뜻의 동사이나, 간혹 또 다른 동사 뒤에 쓰여 결과보어 역할을 한다. 예 换成, 写成 등.

❷ 결과보어 错

错는 원래 '틀리다' 혹은 '맞지 않다'란 뜻의 형용사이나, 가끔 동사 뒤에 쓰여 결과보어 역할을 한다. 예 算错了, 打错电话了.

④ 음료와 술 주문하기

来一杯咖啡和绿茶。
Lái yì bēi kāfēi hé lǜchá。
라이 이 뻬이 카페이 허 뤼차.

再来一块芝士蛋糕。
Zài lái yí kuài zhīshì dàngāo。
짜이 라이 이 콰이 즈스 딴까오.

请问，酒吧在哪儿？
Qǐngwèn，jiǔbā zài nǎr？
칭원, 지우빠 짜이 나얼？

这瓶酒是多少度？
Zhè píng jiǔ shì duōshao dù？
쩌 핑 지우 스 뛰샤오 뚜？

단어노트

- **来** 가져다주세요 • **和** 와, 과 • **绿茶** 녹차 • **再** 다시
- **块** (양사) 조각 • **芝士** 치즈 • **蛋糕** 케이크 • **问** 묻다
- **酒吧** 술집 • **瓶** (양사) 병 • **酒** 술 • **多少** 얼마 • **度** 도

A cup of coffee and green tea, please.

커피하고 녹차 한잔 주세요.

Give me a cheesecake, too.

치즈 케이크도 하나 주세요.

Excuse me, where is the bar ?

실례지만, 술집이 어디인가요 ?

What is the alcohol level in this drink ?

이 술은 몇 도인가요 ?

어법노트

❶ 酒吧 VS 酒店

酒吧는 주로 바(Bar)가 있는 술집의 일종이고, 酒店은 일반적인 술집을 가리키나 일부 지역에서는 호텔을 의미한다. 그밖에 술집이라는 표현으로 酒馆儿(jiǔguǎnr)과 酒家(jiǔjiā)가 있다.

❷ 杯 VS 瓶

杯는 (술 한) 잔, (물 한) 잔 등에 사용되는 양사이고, 瓶은 (술 한) 병, (물 한) 병 등에 사용되는 양사이다. 그밖에 술과 음료 등을 세는 양사로 听(tīng, 캔)이 있다. 예 一听啤酒, 一听可乐.

来个小杯（大杯）。
Lái ge xiǎo bēi（dà bēi）。
라이 거 샤오 뻬이 (따 뻬이).

我敬你一杯。
Wǒ jìng nǐ yì bēi。
워 징 니 이 뻬이.

我不会喝酒。
Wǒ búhuì hē jiǔ。
워 부훼이 허 지우.

没关系，那您随意。
Méiguānxì, nà nín suíyì。
메이꽌시, 나 닌 쉐이이.

为我们的友谊干杯。
Wèi wǒmen de yǒuyì gānbēi 。
웨이 워먼 더 요우이 깐뻬이.

단어노트

- **小** 작다
- **杯** 잔
- **大** 크다
- **敬** 공손히 드리다
- **没关系** 괜찮습니다
- **那** 그럼
- **随意** 뜻대로 하다
- **为** 위하여
- **友谊** 우애, 우정
- **干杯** 건배(하다)

A small(big) cup, please.

작은 잔(큰 잔) 하나 주세요.

Cheers! (Let's have a drink.)

건배 하시죠.(한 잔 드시죠)

I'm not good at drinking.

저는 술을 못합니다.

I don't mind. Do as you like.

괜찮습니다. 편한 대로 하세요.

For our friendship, Cheers!

우리들의 우정을 위해, 건배!

어법노트

❶ 조동사 会

조동사 会는 '…할 가능성이 있다' 혹은 '…할 것이다'라는 뜻으로, 일반적으로 会 뒤에는 동사가 온다. 부정문은 会 앞에 不를 붙여 사용한다.

❷ 이합사 随意

随意는 동사 随(~을 따라)와 명사 意(뜻)가 결합된 이합사이다. 의미: (구애받지 말고) 편한 대로 하다. 마음대로 하다. 뜻대로 하다. 생각나는 대로 하다. 원하는 대로 하다.

심천에 가볼까!

심천은 광둥성 남부 주장 동쪽에 있는 도시이다. 광둥성과 홍콩을 경계로 하고 있으며 주룽반도의 북부를 흐르는 심천강(深圳河) 인근에 많은 강과 호수가 있어 심천(深圳)이라는 명칭을 얻었다. 해안가 항구도시라는 지리적 이점 때문에 과거 군사적 요충지이기도 했으며 해상무역이 활발한 도시로 발전하기도 하였다. 온난한 아열대해양성 기후로 일교차가 그리 크지 않아 사계절 꽃이 피고 주변 경관이 아름다워 여행하기 좋은 곳이다.

1980년 8월 26일 전 국가주석 덩샤오핑의 개혁개방정책에 따라 중국에서 가장 먼저 경제특구로 지정되어 '세계의 공장' 역할을 담당하고 있다. 심천이 가장 먼저 경제특구로 지정된 이유는 그 배후에 있는 홍콩과 마카오가 영국과 포르투갈로부터 반환되기 때문에 그 지근거리의 심천을 신흥 산업도시로 육성할 필요가 있었기 때문이다. 현재 심천에는 전자 · 화학 · 방직 · 제약 · 가공식품 · 건축재료 등 제조업 공장이 다수 포진하고 있고, 도심에는 세계적인 금융기관과 물류업종이 빠르게 발전하고 있다. 이런 이유 때문에 심천의 주민들의 생활수준과 교육수준은 중국의 다른 도시보다 상당히 높은 편이다.

유명한 관광지로는 세계의 유명한 명소를 축소하여 모아놓은 진슈중화 민속촌, 심천에서 가장 큰 사찰인 홍법사, 자연보호구역으로 지정된 철새보호지 홍수린, 아시아에서 가장 규모가 크다는 해양테마파크 해양세계 등이 있다.

연습문제 UNIT 04

01 아래 보기의 단어와 뜻이 서로 어울리는 것을 골라 짝을 맞추어 보세요.

座位 •	• 영수증
收据 •	• 현재
现在 •	• 햄버거
餐巾 •	• 좌석
汉堡包 •	• 냅킨

02 주어진 단어의 뜻을 빈칸에 적어보세요.

① 抽烟 (　　　　　　　)
② 番茄酱 (　　　　　　　)
③ 汽水 (　　　　　　　)
④ 蛋糕 (　　　　　　　)
⑤ 友谊 (　　　　　　　)

03 주어진 문장의 한어병음(성조포함)을 빈칸에 적어보세요.

① 别放香菜。 (　　　　　　　)
② 这不是我们点的。 (　　　　　　　)
③ 请换一下碟子。 (　　　　　　　)
④ 咱们AA制吧。 (　　　　　　　)
⑤ 今天我请客。 (　　　　　　　)

04 다음 문장을 해석해 보세요.

① 我要四号套餐。

② 我要带走，请打包一下。

③ 这是什么费用？

④ 这瓶酒是多少度？

⑤ 我敬你一杯。

05 다음 문장을 중국어로 작문해보세요.

① 메뉴판 주세요.

② 북경오리 하나하고, 마파두부 하나 주세요.

③ 이건 우리가 주문한 것이 아닌데요.

④ 가져갈 건데, 포장해 주세요.

⑤ 건배 하시죠.(한 잔 드시죠)

UNIT 05

물건 구매하기 1

주요내용

(1) 상점 찾기

(2) 쇼핑하기

(3) 기념품 구입하기

UNIT 05 물건 구매하기 1

① 상점 찾기

附近 有 没有 便利店？

Fùjìn yǒu méiyǒu biànlìdiàn？

푸진 요우 메이요우 벤리덴？

请问，超市 怎么 走？

Qǐngwèn，chāoshì zěnme zǒu？

칭원, 차오스 전머 쩌우.

请问，百货 大楼 (商店) 在 哪儿？

Qǐngwèn，bǎihuò dàlóu (shāngdiàn) zài nǎr？

칭 원, 바이훠 따러우 (상덴) 짜이 나얼？

卖 衣服 的 在 几 层？

Mài yīfú de zài jǐ céng？

마이 이푸 더 짜이 지 청？

단어노트

- **附近** 부근 · **便利店** 편의점 · **超市** 슈퍼마켓 · **怎么** 어떻게
- **走** 가다 · **百货大楼** 백화점 · **商店** 상점
- **哪儿** 어디 · **卖** 팔다 · **衣服** 옷 · **几** 몇 · **层** 층

Is there a convenience store nearby?

근처에 편의점이 있나요?

Excuse me, how can I get to the supermarket?

실례지만, 슈퍼마켓 어떻게 가나요?

Where is the department store?

백화점은 어디에 있나요?

What floor is the clothing store on?

옷 파는 곳은 몇 층에 있나요?

어법노트

❶ 超市 VS 便利店

超市는 원래 超级市场(chāojí shìchǎng)의 약칭으로 슈퍼마켓을 가리키며, 便利店은 편의점을 의미한다. 일부지역에서는 超市와 便利店을 같은 의미인 '소매점'으로 해석한다.

❷ 的자 구문

조사인 的은 일반적으로 한정어+的+중심어 형태로 이루어지지만, 간혹 중심어가 없는 '的'자 구조를 이루어 명사화하는 데 사용되며 '~한 것'으로 해석한다. 예 卖衣服的, 这是我的。

请问，购物 中心 在 哪儿？

Qǐngwèn，gòuwù zhōngxīn zài nǎr？

칭원, 꺼우우 쫑신 짜이 나얼？

电子 市场 在 哪儿。

Diànzǐ shìchǎng zài nǎr。

덴쯔 스창 짜이 나얼.

免税店 怎么 走？

Miǎnshuìdiàn zěnme zǒu？

멘쉐이덴 전머 쩌우？

단어노트

· **请问** 말씀 좀 묻겠습니다 · **购物** 물건을 사다 · **中心** 센터
· **购物中心** 쇼핑센터 · **电子** 전자 · **市场** 시장 · **免税店** 면세점

Excuse me, where is the shopping center?

실례지만, 쇼핑센터가 어디에 있나요?

Where is the electronics store?

전자제품 상가는 어디에 있나요?

How can I get to the duty-free shop?

면세점은 어떻게 가나요?

어법노트

❶ 购物中心 VS 市场

购物中心과 市场은 '물건을 파는 곳' 혹은 '시장'을 의미하지만, 购物中心은 시장의 현대적 의미인 '쇼핑센터' 혹은 '쇼핑몰'을 의미하고, 市场은 비교적 전통적인 의미의 시장을 나타내기도 한다.

❷ 怎么+동사

의문대명사 怎么+동사의 구문은 어떠한 방식이나 방법을 물어볼 때 사용한다. 예 怎么走？怎么吃？

② 쇼핑하기

我 先 看看 可以 吗？

Wǒ xiān kànkàn kěyǐ ma？

워 시엔 칸칸 커이 마？

我 可以 试试 吗？

Wǒ kěyǐ shìshi ma？

워 커이 스스 마？

有 没有 大 一点儿 的？

Yǒu méiyǒu dà yìdiǎnr de？

요우 메이요우 따 이디얼 더？

有 没有 小 一点儿 的？

Yǒu méiyǒu xiǎo yìdiǎnr de？

요우 메이요우 샤오 이디얼 더？

단어노트

- **先** 먼저, 우선 · **看** 보다 · **试** 테스트하다, 시험하다
- **大** 크다 · **一点儿** 조금, 약간 · **小** 작다

Can I have a look first?

제가 좀 둘러봐도 되죠?

May I have a try?

한 번 해봐도 되나요?

Don't you have anything a little big?

조금 큰 거 없나요?

Do you have anything a little small?

조금 작은 거 있나요?

어법노트

❶ 동사의 중첩

동사의 중첩은 동작을 경험하는 시간이 짧거나, 어떠한 동작을 가볍게 한번 해본다는 의미를 가지고 있다. 예 看看, 试试 등.

❷ 형용사+一点儿

'一点儿은 형용사 뒤에 수량사로 쓰여 '조금' 혹은 '약간'이란 뜻으로 해석된다. 예 大一点儿的, 小一点儿的。

太 紧 了, 给 我 大 一点儿 的。
Tài jǐn le, gěi wǒ dà yìdiǎnr de。
타이 진 러, 게이 워 따 이디얼 더.

太 大 了, 给 我 小 一点儿 的。
Tài dà le, gěi wǒ xiǎo yìdiǎnr de。
타이 따 러, 게이 워 샤오 이디얼 더.

还有 别的 颜色 吗?
Háiyǒu biéde yánsè ma?
하이요우 비에더 옌서 마?

还有 别的 款式 吗?
Háiyǒu biéde kuǎnshì ma?
하이요우 비에더 콴스 마?

단어노트

- **太** 너무 • **紧** 팽팽하다, 죄다 • **给** ~에게 ~를 주다
- **还** 아직, 여전히 • **别** 다른 • **别的** 다른 것
- **颜色** 색깔 • **款式** 양식, 스타일

It's too tight, I'd like something a little larger, please.
너무 끼네요, 조금 더 큰 것 주세요.

It's too big, I'd like a small one.
너무 크네요, 조금 작은 것 주세요.

Do you have any other colors?
다른 색깔 있나요?

Do you have any other styles?
다른 디자인 있나요?

어법노트

❶ 太~了 구문
'太~了 구문'은 '너무~하다', '아주~하다'라는 뜻으로 중간에는 형용사가 들어간다. 예 太紧了, 太好了.

❷ 명사 别的
别的는 '다른 것' 혹은 '딴 것'이란 뜻의 명사로, 단독으로 사용할 수 있고(예 还有别的吗?), 또 다른 명사를 동반 할 수도 있다. (예 还有别的颜色吗?)

再 给 我 看看 别的，行 吗？

Zài gěi wǒ kànkan biéde，xíng ma？

짜이 게이 워 칸칸 비에더，싱 마？

给 我 换 一下 新 的。

Gěi wǒ huàn yíxià xīn de。

게이 워 환 이샤 신 더.

这 是 什么 料子？

Zhè shì shénme liàozi？

쩌 스 선머 랴오쯔？

有 没有 再 便宜 点儿 的？

Yǒu méiyǒu zài piányi diǎnr de？

요우 메이요우 짜이 피엔이 디얼 더？

단어노트

- **给** ~에게 ~하도록 하다 · **行** 걷다, 좋다, 괜찮다
- **换** 바꾸다 · **新** 새로운, 새롭다 · **是** ~이다
- **料子** 옷감 · **再** 다시 · **便宜** 싸다

Can you show me something else ?

다른 것 좀 보여주실 수 있어요 ?

I'd like to exchange it for a new one.

새 것으로 바꾸어 주세요.

What's this material ?

이건 옷감이 뭐죠 ?

Don't you have anything cheaper ?

더 좀 싼 거 없어요 ?

어법노트

❶ 동사 给

동사 给는 '주다'라는 뜻 외에 '~에게 ~하도록 하다'라는 뜻으로 허용하거나 초래하게 함을 표시할 때 사용할 수 있다. '让(ràng)' · '叫(jiào)'와 유사함. 예 给我看看, 给他试试.

❷ 형용사+点儿

点儿은 원래 一点儿의 줄임말로 형용사 뒤에 수량사로 쓰여 '조금'이란 뜻으로 해석된다. 예 便宜一点儿, 好一点儿.

有 没有 质量 再 好 一点儿 的？

Yǒu méiyǒu zhìliàng zài hǎo yìdiǎnr de？

요우 메이요우 즈량 짜이 하오 이디얼 더？

我 要 这个。

Wǒ yào zhège。

워 야오 쩌거.

我 要 那个。

Wǒ yào nàge。

워 야오 나거.

단어노트

- **有** (가지고) 있다
- **没有** 없다
- **质量** 품질, 질과 양
- **好** 좋다
- **一点儿** 조금
- **要** 원하다, 필요하다
- **这个** 이것
- **那个** 저것, 그것

Do you have any better quality?

품질이 더 좋은 것은 없나요?

This one, please.

이거 주세요.

Please, give me that.

저거 주세요.

어법노트

❶ 명사 质量

质量은 원래 (과학) 물리에서 '질량' 혹은 '질과 양'을 나타내는 명사이나 간혹 본문에서처럼 어떠한 물건의 '질' 혹은 '품질'을 의미하는 뜻으로 쓰인다.

❷ 这个 VS 那个

这个는 '이것'이란 뜻으로 어떠한 사물을 대신하거나, '那个(저것)'과 호응하여 불특정한 사람이나 사물을 나타내기도 한다. 이때 这个는 비교적 가까운 곳에 있는 사물을, 那个는 상대적으로 먼 곳에 있는 사물을 가리킨다.

③ 기념품 구입하기

纪念品 商店 在 哪儿？

Jìniànpǐn shāngdiàn zài nǎr？

지넨핀 상덴 짜이 나얼？

这里 有 明信片 吗？

Zhèlǐ yǒu míngxìnpiàn ma？

쩌리 요우 밍신펜 마？

这里 有 邮票 吗？

Zhèlǐ yǒu yóupiào ma？

쩌리 요우 요우퍄오 마？

단어노트

- **纪念品** 기념품
- **商店** 상점
- **在** ~에 (위치해) 있다
- **哪儿** 어디
- **这里** 이곳, 여기
- **明信片** 우편엽서
- **邮票** 우표

Where is the souvenir shop?

기념품 상점이 어디 인가요?

Do you sell postcards?

여기 엽서 팔아요?

Do you have stamps?

여기 우표 있어요?

어법노트

❶ 这里 VS 那里

这里는 '이곳', '여기'라는 뜻으로 '这儿'로 바꾸어 사용할 수 있으며, 那里는 '저곳', '저기'라는 뜻으로 '那儿'로 바꾸어 사용할 수 있다.

❷ 哪儿 vs 哪里

哪儿과 哪里는 모두 '어디', '어느 곳'이란 뜻의 의문대명사이다. 哪儿은 주로 말할 때 많이 사용되고, 哪里는 겸손하게 자신에 대한 칭찬을 부정할 때 사용되기도 한다. 예 哪里哪里.

太 贵 了，便宜 点儿 吧。

Tài guì le，piányi diǎnr ba。

타이 꿰이 러, 펜이 디얼 바.

我 想 买 纪念品，请 您 帮 我 推荐 一下。

Wǒ xiǎng mǎi jìniànpǐn，qǐng nín bāng wǒ tuījiàn yíxià。

워 샹 마이 지넨핀, 칭 닌 빵 워 퉤이젠 이샤.

最 受 欢迎 的 纪念品 是 什么？

Zuì shòu huānyíng de jìniànpǐn shì shénme？

쮀이 서우 환잉 더 지넨핀 스 선머？

단어노트

- **太** 너무
- **贵** 귀하다, 비싸다
- **便宜** 싸다, 저렴하다
- **想** 생각하다, 하고싶다
- **买** 사다
- **请** 요청하다
- **帮** 돕다
- **推荐** 추천하다
- **最** 가장
- **受** 받다
- **欢迎** 환영

It's too expensive, I'd like it cheap.

너무 비싸요, 싸게 해주세요.

I'd like to buy some souvenirs, please recommend them.

기념품 좀 사고 싶은데, 추천 좀 해주세요.

What is the most popular souvenir ?

가장 인기 있는 기념품은 무엇인가요 ?

어법노트

❶ 조사 吧

문장 끝에 쓰여 상의 · 제안 · 청구 · 권유 · 명령 · 독촉의 어기를 나타내거나, 동의 또는 승낙의 어기를 표현한다. '~하자', '~해라' 등의 형태로 쓰인다. 예 便宜点儿吧, 你去吧.

❷ 조동사 想

想은 원래 동사로 '생각하다', '그리워하다'란 뜻을 가지고 있다. 조동사로 쓰일 때는 '~하고 싶다'라고 해석한다. 예 我想买纪念品. 我想去中国.

하이난에 가볼까!

하이난은 중국 남부에 위치한 최대의 섬이다. 원래 하이난은 광동성에 속하였지만 1988년 성으로 승격하였다. 인구 약 800만 명의 중소도시인 하이난은 지리적인 위치 덕분에 연중 평균온도가 20도 안팎으로 일 년 내내 여행하기 아주 좋은 곳이다. 중국 정부는 이곳을 인도네시아의 발리와 태국의 푸켓에 버금가는 국제적인 휴양지로 발전시키기 위해 많은 투자를 진행하고 있고, 은퇴한 중국의 부호들도 이곳에 많은 토지를 매입하여 여기저기에 많은 건물을 짓고 있다. 중국의 개발붐이 땅 끝 하이난에도 불고 있는 것이다.

하이난에는 이슬람교를 믿는 회족도 있지만 현재는 한족들의 대량 유입으로 하이난 인구의 대부분을 한족이 차지한다. 인근에 베트남이 있기 때문에 베트남 사람들도 많이 볼 수 있다. 과거 하이난은 중국의 중앙정부와 거리가 멀다는 이유 때문에 실의한 정치가와 문인들의 유배지로도 유명하다. 당대의 이덕유(李德裕), 송대의 소식(蘇軾), 명대의 구준(丘濬) 등이 그 대표적인 인물이다.

하이난에는 파인애플, 여지(荔支), 야자 등 열대과일이 풍부하고, 담배와 사탕수수 등 농작물도 다양하다. 동방의 하와이로 불리는 야룽만(亞龍灣) 해변을 관광자원으로 활용하고 있다.

연습문제 UNIT 05

01 아래 보기의 단어와 뜻이 서로 어울리는 것을 골라 짝을 맞추어 보세요.

超市 •	• 색깔
中心 •	• 옷감
颜色 •	• 슈퍼마켓
料子 •	• 우표
邮票 •	• 센터

02 주어진 단어의 뜻을 빈칸에 적어보세요.

① 商店 (　　　　　　　)
② 好像 (　　　　　　　)
③ 质量 (　　　　　　　)
④ 款式 (　　　　　　　)
⑤ 便宜 (　　　　　　　)

03. 주어진 문장의 한어병음(성조포함)을 빈칸에 적어보세요.

① 附近有没有便利店？ (　　　　　　　)
② 请问，超市怎么走？ (　　　　　　　)
③ 卖衣服的在几层？ (　　　　　　　)
④ 请问，购物中心在哪儿？ (　　　　　　　)
⑤ 免税店怎么走？ (　　　　　　　)

04 다음 문장을 해석해 보세요.

① 我先看看可以吗？

___

② 我可以试试吗？

___

③ 还有别的款式吗？

___

④ 再给我看看别的，行吗？

___

⑤ 有没有质量再好一点儿的？

___

05 다음 문장을 중국어로 작문해보세요.

① 근처에 편의점에 있나요?

___

② 옷 파는 곳은 몇 층에 있나요?

___

③ 면세점은 어떻게 가나요?

___

④ 한 번 해봐도 되나요?

___

⑤ 기념품 상점이 어디 인가요?

___

UNIT 06

물건 구매하기 2

주요내용

(1) 할인 구매하기

(2) 반품 및 환불하기

(3) 계산하기

UNIT 06 물건 구매하기 2

① 할인 구매하기

今天 打 几 折？

Jīntiān dǎ jǐ zhé？

진티엔 다 지 저？

这里 是 不二价。

Zhèlǐ shì búèrjià。

쩌리 스 부얼쟈.

这里 可不可以 打折？

Zhèlǐ kěbukěyǐ dǎzhé？

쩌리 커부커이 다저？

这里 正 在 打折。

Zhèlǐ zhèng zài dǎzhé。

쩌리 쩡 짜이 다저.

단어노트

- **今天** 오늘 · **打** 치다 · **几** 몇 · **折** 꺾다, 깎다(할인)
- **这里** 이곳, 여기 · **价** 가격 · **不二价** 정찰가격
- **打折** 할인하다, 에누리하다 · **正** 마침, 한창 · **在** ~하고 있다

How much discount is it today?

오늘 몇 퍼센트 할인이죠?

This is a price-tag system.

이곳은 정찰제입니다.

Can I get a discount?

여기 할인 되나요?

We are on sale.

여기는 할인판매 중입니다.

어법노트

❶ 명사 不二价

不二价는 不(아니다)+二(두개)+价(가격)이 결합된 단어로, "두개의 가격이 아니다" 라고 해석이 되어 '정찰가격'이란 뜻을 갖게 되었다.

❷ 正在 구문

正在는 부사 正(마침)과 진행형을 나타내는 부사 在(~하고 있다)가 결합된 부사이다. '마침(한창)…하고 있는 중이다'처럼 동작의 진행이나 지속을 나타낼 때 사용하며, 正在 뒤에는 동사가 온다. 예 正在打折, 正在吃饭.

这里 的 东西 不 打折。

Zhèlǐ de dōngxi bù dǎzhé

쩌리 더 똥시 뿌 다저.

这里 现在 打 多少 折？

Zhèlǐ xiànzài dǎ duōshao zhé？

쩌리 시엔짜이 다 뛰샤오 저？

打 九 折。

Dǎ jiǔ zhé。

다 지우 저.

단어노트

- **这里** 이곳, 여기
- **的** ~의
- **东西** 물건
- **不** 부정부사
- **现在** 현재, 지금
- **多少** 얼마
- **九** 구, 9
- **打九折** 10% 할인

There is no discount on the items here.

이곳의 물건은 할인되지 않습니다.

What percentage of discount is there now ?

여기 지금 몇 퍼센트 할인되나요 ?

It's a ten percent discount.

10퍼센트 할인입니다.

어법노트

❶ 명사 东西

명사 东西에는 발음에 따라 두 가지의 의미가 있다. ① 西의 발음을 경성으로 처리하여 dōng xi라고 발음하면 '물건'이란 뜻이 되고 ② 西의 발음을 1성으로 처리하여 dōng xī라고 발음하면 방향의 '동쪽과 서쪽'을 의미한다.

❷ 打几折 VS 打多少折

打几折와 打多少折는 모두 "얼마나 할인되나요 ? "라는 뜻이지만, 打几折는 비교적 적은 금액의 할인을, 打多少折는 상대적으로 많은 금액의 할인을 의미한다. 그러나 실생활에서는 혼용하여 사용한다.

② 반품 및 환불하기

这儿 的 商品 可以 退货 吗？

Zhèr de shāngpǐn kěyǐ tuìhuò ma？

쩌얼 더 상핀 커이 퉤이훠 마？

打折 商品 也 可以 退货 吗？

Dǎzhé shāngpǐn yě kěyǐ tuìhuò ma？

다저 상핀 예 커이 퉤이훠 마？

三 天 以内，你 可以 退货 或 退钱。

Sān tiān yǐnèi，nǐ kěyǐ tuìhuò huò tuìqián。

산 티엔 이네이, 니 커이 퉤이훠 훠 퉤이첸.

단어노트

• **商品** 상품, 물건 • **可以** ~할 수 있다 • **退** 물러서다
• **货** 화물, 물건 • **退货** 반품하다 • **打折商品** 할인된 상품
• **三天** 3일 • **以内** 이내 • **退钱** 환불하다

Can I return your goods?

이곳의 물건은 반품이 되나요?

Can I return the discounted merchandise?

할인된 상품도 반품이 되나요?

You can return or refund within 3 days.

3일 안에 반품 혹은 환불할 수 있습니다.

어법노트

❶ 이합사 退钱

退钱은 동사 退(물러나다)와 명사 钱(돈)이 결합된 이합사이다. '환불금' 혹은 '환급금' 등 명사로도 사용된다. 같은 표현으로는 退款(tuìkuǎn)이 있다. 款(kuǎn)은 '양식', '스타일', '돈', '금액' 등을 뜻하는 명사이다.

❷ 명사 以内

'以内'는 시간 명사로 현재나 어떤 시간보다 빠른 시간을 가리키며, 명사나 동사, 그리고 짧은 구 뒤에 올 수도 있다.

③ 계산하기

给 我 看看 你 的 护照。
Gěi wǒ kànkan nǐ de hùzhào。
게이 워 칸칸 니 더 후짜오.

你 有 零钱 吗？
Nǐ yǒu língqián ma？
니 요우 링첸 마？

这儿 可以 刷卡 吗？
Zhèr kěyǐ shuākǎ ma？
쩌얼 커이 솨카 마？

这儿 可以 用 美金 吗？
Zhèr kěyǐ yòng měijīn ma？
쩌얼 커이 용 메이 진 마？

단어노트

- **给** ~에게 ~를 하도록 하다
- **护照** 여권
- **零钱** 잔돈, 거스름돈
- **刷** 솔로 닦다, 바르다
- **卡** 카드
- **刷卡** 카드를 긁다
- **用** 쓰다, 사용하다
- **美金** (미국돈) 달러

May I see your passport, please.

여권 좀 보여주세요.

Do you have any some change ?

잔돈 있으세요 ?

Can I pay with my credit card ?

여기 신용카드 되나요 ?

Do you accept dollars ?

여기 달러 받아요 ?

어법노트

❶ 零钱 VS 零用钱

零钱은 원래 '소액화폐', '푼돈', '잔돈'이란 뜻으로, 나중에 그 의미가 확대되어 '용돈'이란 명사로 사용되기도 하였다. 반면에 零用钱은 동사 零用(소소한데 쓰다, 잡비로 쓰다)과 명사 钱(돈)이 결합하여 '용돈' 혹은 '잡비'란 뜻의 명사로 사용된다.

❷ 이합사 刷卡

刷卡는 동사 刷(솔로 닦다, 칠하다)와 명사 卡(카드)가 결합된 이합사이다. '카드로 결제하다'란 뜻도 있지만, '출근 카드에 출근 시간을 찍다'란 뜻도 있다.

给 我 一 张 塑料袋，行 吗？

Gěi wǒ yì zhāng sùliàodài，xíng ma？

게이 워 이 짱 수랴오따이, 싱 마？

好像 算错了，麻烦 你 再 算 一下。

Hǎoxiàng suàncuòle，máfán nǐ zài suàn yíxià。

하오샹 쏸춰러, 마판 니 짜이 쏸 이샤.

我 没有 零钱。

Wǒ méiyǒu língqián。

워 메이요 링첸.

你 扫 我，还是 我 扫 你？

Nǐ sǎo wǒ, háishi wǒ sǎonǐ？

니 사오 워, 하이스 워 사오 니？

단어노트

- **给** ~에게 ~를 주다
- **张** (양사) 장
- **塑料** 플라스틱, 비닐
- **塑料袋** 비닐봉지
- **行吗** 가능합니까?
- **好像** 마치 ~와 같다
- **算错了** 잘 못 계산하다
- **麻烦** 귀찮게 하다
- **扫** (비 따위로) 쓸다

Can I have a bag?
봉투 한 장 주실 수 있나요?

Didn't you make the wrong calculation? Check again, please.
잘 못 계산한 것 같은데요, 다시 계산해 주세요.

I don't have change.
저는 잔돈이 없습니다.

Do you want to scan it? Or do I scan it?
제 QR 코드를 스캔하시겠습니까? 아니면 제가 할까요?

어법노트

❶ 塑料袋 vs 袋子

塑料袋는 명사 塑料(비닐, 플라스틱)와 또 다른 명사 袋子(주머니, 자루)가 결합되어 생성된 단어이다. 袋子는 물건을 담을 수 있는 자루 혹은 봉투를 뜻한다.

❷ 동사 好像

好像은 원래 동사이나 실질적으로는 부사처럼 사용된다. ① 好像은 동사이지만, 그 뒤에 '了', '着', '过'와 보어를 바로 붙일 수 없다. ② 好像 구문 뒤에는 주로 '一样', '一般', '似的'이 올 수 있다. 예 好像算错了一样.

你 找错 钱 了。

Nǐ zhǎocuò qián le 。

니 자오춰 첸 러.

请 给 我 开 一 张 收据。

Qǐng gěi wǒ kāi yì zhāng shōujù。

칭 게이 워 카이 이 짱 서우쥐.

请 你 在 登机 之前 领取。

Qǐng nǐ zài dēngjī zhīqián lǐngqǔ。

칭 니 짜이 덩지 즈첸 링취.

단어노트

- **找** 찾다
- **错** 틀리다
- **找错** 잘 못 찾다
- **钱** 돈
- **请** 요청하다
- **给** ~에게 토록하다, 위하여
- **开** 열다, 발급하다
- **张** (양사) 장
- **收据** 영수증
- **在** ~에(서)
- **登机** 비행기에 오르다
- **之前** ~의 앞, ~의 전
- **领取** 받다, 수령하다

You gave me the wrong change.

잘 못 거슬러 줬어요.

May I have a receipt, please?

영수증 발행해 주세요.

Please take it before boarding.

탑승 전에 수령해 가세요.

어법노트

❶ 개사 给

개사 给는 '~을(를) 위하여' 혹은 '~에게'라는 뜻으로 사용되며, 그 뒤에는 어떠한 대상이 온다. 예 请给我开一张收据。

❷ 명사 之前

명사 之前의 뜻은 '…의 앞' 혹은 '…의 전'으로, 주로 어느 시간과 장소의 앞선 시간과 장소를 나타내며, 시간과 장소 모두를 나타내지만 주로 시간에 많이 쓰인다.

쿤밍에 가볼까!

운남성의 성도인 쿤밍은 그 주변이 대부분 산지이거나 구릉지여서 한족을 제외한 25개의 소수민족이 살고 있다. 아열대기후에 속하지만 산지가 많아서 여름에는 서늘하고 겨울에는 온난하여 여행하기 아주 좋은 지역이다. 청나라 시기 프랑스와 조약을 맺어 운남 – 베트남 간 철도가 개통되면서 발전하기 시작하였다. 현재는 구이저우–베트남 간 철도와 구이저우 · 쓰촨 · 광시좡족자치구 간 간선도로가 연결되어 베트남과 중국을 잊는 허브역할을 담당한다.

쿤밍은 온난한 날씨 덕분에 봄 · 여름 · 가을 · 겨울 구분 없이 꽃이 피기 때문에 '봄의 도시'라는 별명을 가지고 있고, 베트남 · 라오스 · 미얀마와 국경을 접하고 있어서 동남아시아의 분위기도 느낄 수 있는 곳이다. 이런 덕분에 규모는 그다지 크지 않지만 볼거리가 매우 많은 중국의 대표적인 관광 도시이자 휴양지이다.

특히 쿤밍에는 유네스코 세계자연유산에 등재된 석림이 있어서 기암괴석을 관람할 수 있고, 다양한 소수민족의 축제와 음식을 맛볼 수도 있다. 따이족의 전통 축제인 사룻제(4월), 쿤밍국제여행축제(4월~5월) 등이 가장 유명하다. 그밖에 명승지인 뎬츠(滇池)와 운남성의 소수민족을 한곳에서 볼 수 있는 테마공원 운남민족촌도 있다.

연습문제 UNIT 06

01 아래 보기의 단어와 뜻이 서로 어울리는 것을 골라 짝을 맞추어 보세요.

打折 •	• 얼마
多少 •	• 귀찮게 하다
退货 •	• 반품하다
零钱 •	• 할인하다
麻烦 •	• 잔돈

02 주어진 단어의 뜻을 빈칸에 적어보세요.

① 领取 (　　　　　　　　)
② 收据 (　　　　　　　　)
③ 刷卡 (　　　　　　　　)
④ 退钱 (　　　　　　　　)
⑤ 今天 (　　　　　　　　)

03 주어진 문장의 한어병음(성조포함)을 빈칸에 적어보세요.

① 请给我开一张收据。 (　　　　　　　　)
② 你找错钱了。 (　　　　　　　　)
③ 你扫我，还是我扫你？ (　　　　　　　　)
④ 今天打几折？ (　　　　　　　　)
⑤ 这儿可以刷卡吗？ (　　　　　　　　)

04 다음 문장을 해석해 보세요.

① 这里 可不可以 打折？

② 这儿 的 商品 可以 退货 吗？

③ 这儿 可以 用 美金 吗？

④ 给 我 一 张 塑料袋，行 吗？

⑤ 好像 算错了，麻烦 你 再 算 一下。

05 다음 문장을 중국어로 작문해보세요.

① 여기 지금 몇 퍼센트 할인되나요?

② 여기 달러 받아요?

③ 제 QR 코드를 스캔하시겠습니까? 아니면 제가 할까요?

④ 잘 못 거슬러 줬어요.

⑤ 할인된 상품도 반품이 되나요?

UNIT 07

생활 편익시설 이용하기 1

주요내용

(1) 은행 이용하기
(2) 우체국 이용하기
(3) 전화 이용하기

UNIT 07 생활 편익시설 이용하기 1

① 은행 이용하기

自动 取款机 在 哪儿？
Zìdòng qǔkuǎnjī zài nǎr？
쯔똥 취콴지 짜이 나얼？

这个 机器 可以 用 到 几 点？
Zhège jīqì kěyǐ yòng dào jǐ diǎn？
쩌거 지치 커이 용 따오 지 덴？

我 不知道 这个 机器 怎么 用。
Wǒ bùzhīdào zhège jīqì zěnme yòng。
워 뿌즈따오 쩌거 지치 전머 용.

能 不能 用 信用卡 取 人民币？
Néng bunéng yòng xìnyòngkǎ qǔ rénmínbì？
넝 뿌넝 용 신용카 취 런민삐？

단어노트

- **自动** 자동 · **取** 취하다 · **款** 돈 · **机** 기계 · **自动取款机** 현금인출기
- **机器** 기계, 기구 · **几点** 몇시 · **知道** 알다 · **怎么** 어떻게
- **能** ~할 수 있다 · **信用卡** 신용카드 · **人民币** (중국돈) 위안화, 인민폐

Where is the ATM?

현금인출기가 어디에 있나요?

What time can I use this machine to?

이 기계는 몇 시까지 사용할 수 있나요?

I don't know how to use this machine.

이 기계를 어떻게 사용하는지 모르겠는데요.

Can I withdraw some Chinese money with my credit card?

신용카드로 인민폐를 인출할 수 있나요?

어법노트

❶ 결과보어 到

到는 원래 '도착하다'란 뜻의 동사로, 간혹 술어 뒤에서 동작의 결과를 보충해 주는 결과보어로 쓰여 '~에 미치다', '~에 이르다', '~을 해내다'란 뜻으로 해석할 수 있다.

❷ 조동사 能

조동사 能은 '할 수 있다'는 뜻이지만 그 뜻에는 '(객관적으로 능력 혹은 조건이 되어서) 할 수 있다'는 의미가 내포되어 있다. 예 我能喝酒。(나는 주량이 세서 술을 잘 마실 수 있다.)

我想取五十块。

Wǒ xiǎng qǔ wǔ shí kuài。

워 샹 취 우 스 콰이.

我要汇款。

Wǒ yào huìkuǎn。

워 야오 훼이콴.

从中国汇款到韩国需要多长时间？

Cóng Zhōngguó huìkuǎn dào Hánguó xūyào duōcháng shíjiān？

총 쭝궈 훼이콴 따오 한궈 쉬야오 둬창 스젠 ?

我想换一百美元。

Wǒ xiǎng huàn yì bǎi měiyuán。

워 샹 환 이 바이 메이위엔.

단어노트

- **想** ~하고 싶다
- **取** 취하다
- **五十** 오십, 50
- **块** 돈
- **要** 해야 한다, 하려고 하다
- **汇** 한데 모으다
- **汇款** 송금하다
- **从** ~에서부터
- **需要** 필요하다
- **多长时间** 얼마나 긴 시간
- **换** 바꾸다
- **一百** 일백, 100
- **美元** 미국 돈, 달러

I want to withdraw 50 yuan.

50 위안을 인출하고 싶습니다.

I want to remit money.

온라인 송금하려는데요.

How long does it take to remit money from China to Korea?

중국에서 한국까지 송금하면 얼마나 걸리나요?

I'd like to exchange 100 U.S. dollars.

미화 100 달러를 바꾸고 싶은데요.

어법노트

❶ 需要 VS 要

需要와 要는 모두 조동사이지만, 그 의미는 서로 다르다. 需要는 '요구되다', '필요로 하다'라는 뜻을 가지고 있고, 要는 '해야 한다', '하려고 하다'란 뜻으로 사용된다.

❷ 이합사 汇款

汇款은 동사 汇(물이 한곳으로 모이다, 환을 보내다)와 명사 款(돈)이 결합된 이합사이다. 주로 전자금융을 통하여 돈을 보내거나, 송금할 때 사용된다.

我 想 把 韩元 换成 人民币。

Wǒ xiǎng bǎ hányuán huànchéng rénmínbì。

워 샹 바 한위엔 환청 런민삐.

我 想 把 人民币 换成 韩元。

Wǒ xiǎng bǎ rénmínbì huànchéng hányuán。

워 샹 바 런민삐 환청 한위엔.

今天 美元 的 汇率 是 多少？

Jīntiān měiyuán de huìlǜ shì duōshao？

진티엔 메이위엔 더 훼이뤼 스 둬샤오？

请 把 旅行 支票 换成 现金。

Qǐng bǎ lǚxíng zhīpiào huànchéng xiànjīn。

칭 바 뤼싱 즈퍄오 환청 시엔진.

단어노트

- **想** 하고 싶다
- **把** 쥐다, ~을
- **韩元** 한국 돈
- **换成** ~으로 바꾸다
- **今天** 오늘
- **的** ~의
- **汇率** 환율
- **多少** 얼마
- **旅行支票** 여행자수표
- **现金** 현금

I'd like to exchange Korean money for Chinese money.

한국 돈을 인민폐로 바꾸고 싶습니다.

Can I exchange Chinese money for Korean money?

인민폐를 한국 돈으로 바꾸고 싶습니다.

What's the exchange rate for the U.S. dollar today?

오늘 미국 달러의 환율이 얼마나 되나요?

I want to cash a traveler's check, please.

여행자 수표를 현금으로 바꿔주세요.

어법노트

❶ 개사 把

일반적으로 동작이나 작용의 대상, 즉 목적어를 동사 앞으로 전치(前置)시킬 때 사용한다. 이때 동사 뒤에 부가성분이나 보어 혹은 상황어를 놓아야 한다. 부정부사와 조동사는 '把'의 앞에 올 수 있다.

❷ 换 VS 换成

换은 '교환하다' 혹은 '바꾸다'라는 뜻의 동사이다. 예 我换A。(나는 A를 바꾼다) 换成은 동사 成이 결과보어 역할을 하여 '~으로 바꾸다'라는 문장을 만들 수 있다.
예 我把A换成B。(나는 A를 B로 바꾼다)

② 우체국 이용하기

在 哪儿 寄 东西？

Zài nǎr jì dōngxi？

짜이 나얼 지 똥시？

信箱 在 哪儿？

Xìnxiāng zài nǎr？

신샹 짜이 나얼？

我 要 寄 一 封 信。

Wǒ yào jì yì fēng xìn。

워 야오 지 이 펑 신.

请 用 挂号 邮件 寄。

Qǐng yòng guàhào yóujiàn jì。

칭 용 꽈하오 요우젠 지.

단어노트

- **在** ~에서 · **寄** 보내다 · **东西** 물건 · **信箱** 우체통
- **封** (양사) 통 · **信** 편지 · **挂号** 등기 · **邮件** 우편물

Where can I send the goods from ?

어디서 물건을 보내나요 ?

Where is the mailbox ?

우체통이 어디에 있죠 ?

I'd like to send a letter.

편지 한 통 보내려고 하는데요.

Please send it by registered mail.

등기우편으로 보내주세요.

어법노트

❶ 동사 寄

寄는 (우편 혹은 인편으로) '부치다' 혹은 '보내다'라는 뜻의 동사이다. 물건 혹은 서신을 보내어 '주다'라는 뜻이 있기 때문에 寄도 수여동사(혹은 '주다'류 동사)에 해당한다. 예 你寄我一个吧 !

❷ 信箱 VS 邮箱

信箱은 편지(信)를 넣는 통이나 상자(箱)를 뜻하고, 邮箱은 우편물(邮)을 넣는 통이나 상자(箱)를 가리킨다. 미묘한 차이가 있지만, 현재는 혼용하여 사용한다.

请用快递寄。

Qǐng yòng kuàidì jì。

칭 용 콰이띠 지.

邮票 多少 钱？

Yóupiào duōshao qián？

요우퍄오 둬샤오 첸？

海运 还是 空运？

Hǎiyùn háishì kōngyùn？

하이윈 하이스 콩윈？

단어노트

- **请** 요청하다
- **用** 쓰다, 사용하다
- **快递** 속달, 빠른우편
- **寄** 보내다
- **邮票** 우표
- **多少钱** 얼마입니까
- **海运** 해운
- **还是** 아니면
- **空运** 항공운송

Please send it by express mail.

특급우편으로 보내주세요.

How much is the stamp ?

우표 값은 얼마인가요 ?

Is it by surface mail or airmail ?

해운 인가요 ? 항공 인가요 ?

어법노트

❶ 택배 快递

중국의 택배는 '快递'라는 말을 자주 사용하나, 간혹 '宅配(zháipèi)라는 말을 쓰기도 한다. 우리나라처럼 집 앞까지 직접 배달해 주기도 하지만, 무인택배함에 넣어 놓고 비밀번호를 알려주기도 한다.

❷ 海运 VS 空运

海运은 배를 이용한 운송방법이고, 空运은 비행기를 이용한 운송방법이다. 중국은 면적이 넓어서 일반 택배라도 空运이 포한됨 운송방법이다. 단순히 자동차만 이용한다면 汽运(qìyùn)이라고 한다.

我 要 把 这 包裹 空运 到 韩国 大田。

Wǒ yào bǎ zhè bāoguǒ kōngyùn dào Hánguó Dàtián。

워 야오 바 쩌 빠오궈 콩윈 따오 한궈 따티엔.

到 韩国 大田 需要 多长 时间？

Dào Hánguó Dàtián xūyào duōcháng shíjiān？

따오 한궈 따티엔 쉬야오 뚸창 스젠？

是 容易 碎 的 物品，要 小心。

Shì róngyì suì de wùpǐn，yào xiǎoxīn。

스 롱이 쉐이 더 우핀, 야오 샤오신.

단어노트

- **要** 해야 한다, 하려고 하다
- **把** ~을
- **这** 이(것)
- **包裹** 소포
- **空运** 항공운송
- **到** ~까지, 도착하다
- **大田** 대전
- **需要** 필요하다
- **多长时间** 얼마나 긴 시간
- **容易** 쉽다
- **碎** 부서지다
- **物品** 물품, 물건
- **小心** 조심하다

I'd like to send this package by air to Daejeon, Korea.

이 소포를 항공으로 한국 대전에 보내려고 합니다.

How long does it take to Daejeon, Korea?

한국 대전까지 얼마나 걸리나요?

It's fragile. Be careful.

잘 깨지는 물건이니 조심하세요.

어법노트

❶ 결과보어 到

到는 원래 '도착하다'란 뜻의 동사로, 간혹 술어 뒤에서 동작의 결과를 보충해 주는 결과보어로 쓰여 '~에 미치다', '~에 이르다', '~을 해내다'란 뜻으로 해석할 수 있다. 예 我要把这包裹空运到韩国大田。

❷ 容易 구문

容易는 원래 '쉽다' 혹은 '용이하다'라는 뜻의 형용사이나, 간혹 동사를 동반하여 '容易 구문'을 만들 수 있다. '容易+동사' 구문은 어떤 상황이 발생할 가능성이 비교적 큰 것을 나타내며, '…하기 쉽다' 혹은 '…하기 일쑤다'라고 해석할 수 있다.
예 这个东西很容易碎。

③ 전화 이용하기

请问，公用 电话 在 哪儿？
Qǐngwèn，gōngyòng diànhuà zài nǎr？
칭원, 꽁용 뎬화 짜이 나얼？

电话 卡 在 哪儿 买？
Diànhuà kǎ zài nǎr mǎi？
뎬화 카 짜이 나얼 마이？

我 要 打 长途 电话。
Wǒ yào dǎ chángtú diànhuà。
워 야오 다 창투 뎬화.

往 南京 的 长途 电话 一分钟 多少 钱？
Wǎng Nánjīng de chángtú diànhuà yìfēnzhōng duōshao qián？
왕 난징 더 창투 뎬화 이펀쭝 둬샤오 첸？

단어노트

- **公用** 공용 • **电话** 전화 • **公用电话** 공중전화 • **卡** 카드
- **电话卡** 전화카드 • **打** (전화를) 걸다 • **长途** 장거리
- **长途电话** 시외전화 • **往** ~를 향해 • **南京** 남경 • **一分钟** 1분

Excuse me, where is a pay phone?

실례지만, 공중전화가 어디에 있나요?

Where can I buy a phone card?

전화카드는 어디에서 사나요?

I'd like to make an long distance call.

시외전화 하려고 하는데요.

How much is the long distance call rate to Nanjing?

난징은 1분에 시외전화 요금이 얼마인가요?

어법노트

❶ 公用 VS 公众

公用은 말 그대로 '공용(하다)' 혹은 '함께 사용하다'란 뜻의 명사이자 동사이다. 公众(gōngzhòng)은 '공중' 혹은 '대중'이란 뜻의 명사이다. 우리나라의 공중전화는 '公用电话'라고 한다.

❷ 명사 钟

명사 钟은 종 또는 시계를 가리키며, 가끔 시간 뒤에 붙어 지금 말하는 것이 시간이라는 것을 조금 더 강조해 줄 수 있다. 예 四十分 = 四十分钟.

我 要 打 国际 长途。

Wǒ yào dǎ guójì chángtú。

워 야오 다 궈지 창투.

我 想 往 韩国 打 电话。

Wǒ xiǎng wǎng Hánguó dǎ diànhuà。

워 샹 왕 한궈 다 덴화.

我 不知道 怎么 打，请 告诉 我 一下 怎么 打。

Wǒ bùzhīdào zěnme dǎ, qǐng gàosù wǒ yíxià zěnme dǎ。

워 뿌즈따오 전머 다, 칭 까오수 워 이샤 전머 다.

단어노트

- 国际 국제
- 国际长途 국제전화
- 想 ~하고 싶다
- 往 ~(를) 향해
- 韩国 한국
- 打 (전화를) 걸다
- 电话 전화
- 知道 알다
- 怎么 어떻게
- 告诉 알려주다
- 一下 한차례

I want to make an international call.

국제전화 하려고 합니다.

I'd like to call Korea.

한국에 전화하고 싶은데요.

I don't know how to call, so please tell me how to call.

어떻게 전화하는지 모르는데, 어떻게 전화하는지 좀 알려주세요.

어법노트

❶ 개사 往

往은 원래 '가다' 혹은 '(~로) 향하다'라는 뜻의 동사이나(예 往南 남쪽으로 향해가다), 간혹 '…쪽으로' 혹은 '…(을) 향해' 등 개사(전치사)로 사용된다.

❷ 양사 一下

一次처럼 동사 뒤에 쓰여 '시험 삼아 한번 해 보다' 또는 '좀 …하다'의 뜻으로 사용된다.

我 要 往 韩国 打 对方 付费。

Wǒ yào wǎng Hánguó dǎ duìfāng fùfèi。

워 야오 왕 한궈 다 뛔이팡 푸페이.

不知道 内线 号码。

Bùzhīdào nèixiàn hàomǎ。

뿌즈따오 네이시엔 하오마.

请 转 五 一 三 号 房间。

Qǐng zhuǎn wǔ yāo sān hào fángjiān。

칭 좐 우 야오 산 하오 팡젠.

단어노트

- **要** 하려고 하다 · **往** ~(를) 향해 · **韩国** 한국 · **打** 전화하다
- **对方** 상대방 · **付** 지불하다 · **费** 비용 · **对方付费** 수신자부담
- **内线** 내선 · **号码** 번호 · **内线号码** 내선번호 · **请** 요청하다
- **转** 돌다 · **号** (번호) 호 · **房间** (호텔 등) 방

I'd like to make a collect call to Korea.

한국에 수신자 부담으로 전화하려고요.

I don't know the extension number.

내선번호를 모르겠는데요.

Please connect me to room 513.

513호로 돌려주세요.

어법노트

❶ 합성어 对方付费

对方付费는 명사(对方, 상대방)+동사(付, 지불하다)+명사(费, 비용)가 결합하여 이루어진 합성어이다. 예 对方付费电话, 对方付费邮件(yóujiàn).

❷ 동사 转

转은 원래 '구르다', '돌다', '회전하다'란 뜻의 동사이다. 간혹 '(내선전화를) 돌려주다'라는 뜻으로도 쓰인다. 예 请转五一三号房间。

샤먼에 가볼까!

샤먼은 중국 남동쪽에 위치한 복건성의 항구도시이다. 복건성의 성도는 푸저우이지만 여행지로서는 샤먼을 더 선호한다. 지우룽강의 입구라는 뜻인 샤먼(廈門)은 명대에 영국과 네덜란드인이 이곳에 도착하여 현지인인 민남인에게 어디냐고 물으니 민남어로 '아모이'라고 불러서 그렇게 부르기도 하였다. 또한 이곳에 백로가 많다고 하여 루다오(鷺島, 백로의 섬)라고 부르기도 한다.

샤먼의 인근 바다는 그 수심이 깊고 겨울에 얼지 않아서 항구도시로서 최적의 조건을 갖추고 있는 곳이다. 그 덕분에 16세기 중반부터 유럽과 교역이 이루어졌으며, 19세기까지 이곳을 통해 중국의 특산물인 차를 수출하기도 하였다. 아편전쟁 이후 1842년 난징조약을 통해 서양 열강의 개항지가 되었다. 현재는 외국인의 직접투자가 허용되는 경제특구가 되어 기계, 화학, 금융업, 어업, 조선업, 식품가공, 섬유, 제혁 등 각종 산업이 발달하고 있다.

아열대 몬순기후로 여름에는 덥고 습하지만 일 년 내내 따뜻한 날씨 덕분에 중국에서 '퇴직 후 가장 살기 좋은 10대 휴양지'로 선정되기도 하였다. 구랑위 섬에 있는 영국의 조계지에서는 유럽풍의 건물들이 아직도 남아있어서 관람할 수 있다. 그밖에 만석식물원, 남보타사, 일월곡 온천공원도 가볼만하다.

연습문제

UNIT 07

01 아래 보기의 단어와 뜻이 서로 어울리는 것을 골라 짝을 맞추어 보세요.

机器 •	• 송금하다
汇款 •	• 기계
韩元 •	• 우체통
信箱 •	• 우표
邮票 •	• 한국 돈

02 주어진 단어의 뜻을 빈칸에 적어보세요.

① 空运 (   )
② 包裹 (   )
③ 电话卡 (   )
④ 国际长途 (   )
⑤ 对方付费 (   )

03 주어진 문장의 한어병음(성조포함)을 빈칸에 적어보세요.

① 我想换一百美元。 (   )
② 我想把韩元换成人民币。 (   )
③ 今天美元的汇率是多少？(   )
④ 我要寄一封信。 (   )
⑤ 请用快递寄。 (   )

04 다음 문장을 해석해 보세요.

① 自动取款机在哪儿？

____

② 能不能用信用卡取人民币？

____

③ 从中国汇款到韩国需要多长时间？

____

④ 请问，公用电话在哪儿？

____

⑤ 我不知道怎么打，请告诉我一下怎么打。

____

05 다음 문장을 중국어로 작문해보세요.

① 잘 깨지는 물건이니 조심하세요.

____

② 513호로 돌려주세요.

____

③ 실례지만, 공중전화가 어디에 있나요?

____

④ 등기우편으로 보내주세요.

____

⑤ 신용카드로 인민폐를 인출할 수 있나요?

____

UNIT 08

생활 편익시설 이용하기 2

주요내용

(1) PC방 이용하기
(2) 약국 이용하기
(3) 안마 받기

UNIT 08 생활 편익시설 이용하기 2

1 PC방 이용하기

网吧 在 哪儿？

Wǎngbā zài nǎr？

왕빠 짜이 나얼？

一个 小时 多少 钱？

Yí ge xiǎoshí duōshao qián？

이 거 샤오스 뚸샤오 첸？

可以 打印 吗？ 一 张 多少 钱？

Kěyǐ dǎyìn ma？ Yì zhāng duōshao qián？

커이 다인 마？ 이 짱 뚸샤오 첸？

我 电脑 死机了，我 要 换 位置。

Wǒ diànnǎo sǐjīle，wǒ yào huàn wèizhì。

워 덴나오 스지러, 워 야오 환 웨이즈.

这 电脑 好像 有 毛病，请 帮 我 看看。

Zhè diànnǎo hǎoxiàng yǒu máobìng，qǐng bāng wǒ kànkan。

쩌 덴나오 하오샹 요 마오삥, 칭 빵 워 칸칸.

Where is the internet cafe ?

PC방이 어디인가요 ?

How much is it per hour ?

1시간에 얼마인가요 ?

Can I print ? How much is it for one sheet ?

인쇄할 수 있나요 ? 1장에 얼마죠 ?

My computer is down, please exchange seats.

제 컴퓨터가 다운됐어요, 자리 좀 바꿔 주세요.

This computer isn't working well, please check it.

이 컴퓨터가 잘 안 돼요, 좀 봐주세요.

단어노트

- **网吧** PC방 • **一个小时** 1시간 • **打印** 인쇄하다 • **电脑** 컴퓨터
- **死机了** 컴퓨터가 다운되다 • **位置** 자리 • **毛病** 약점, 결점

② 약국 이용하기

有 感冒 药 吗？

Yǒu gǎnmào yào ma？

요우 간마오 야오 마？

给 我 创可贴。

Gěi wǒ chuàngkětiē。

게이 워 촹커티어.

给 我 眼药水。

Gěi wǒ yǎnyàoshuǐ。

게이 워 옌야오쉐이.

给 我 一 个 曼秀雷敦。

Gěi wǒ yí ge mànxiùléidūn。

게이 워 이 거 만쇼레이둔.

단어노트

- **感冒** 감기 • **药** 약 • **感冒药** 감기약 • **给** ~에게 ~을 주다
- **创可贴** 반창고 • **眼药水** 안약(점안액) • **曼秀雷敦** 멘소래담

Do you have medicine for a cold ?

감기약 있나요 ?

Can I have a Band-Aid ?

반창고 좀 주세요.

Please give me some eye drops.

안약 좀 주세요.

Give me a Mentholatum.

멘소래담 하나 주세요.

어법노트

❶ 동사 打印

打印은 동사(打, 타자치다)+동사(印, 인쇄하다)가 결합된 합성어이다. '(타자 쳐서) 인쇄하다'란 뜻으로 쓰이며, 비슷한 표현으로는 列印(lièyìn)이 있다.

❷ '有~吗' 구문

중국어에서 소유나 존재를 물어볼 때는 '有~吗' 구문을 써서 표현한다. 어순: 주어(사람/장소)+有+목적어+吗 ? 이때 주어는 간혹 생략하기도 한다.

我 要 卫生巾。
Wǒ yào wèishēngjīn。
워 야오 웨이성진.

有 避孕套 吗？
Yǒu bìyùntào ma？
요우 삐윈타오 마？

我 肚子 疼， 给 我 肠炎 药。
Wǒ dùzi téng，gěi wǒ chángyán yào。
워 뚜쯔 텅, 게이 워 창옌 야오.

这 药 怎么 吃？
Zhè yào zěnme chī？
쩌 야오 전머 츠？

단어노트

- **要** 원하다, 필요하다 • **卫生巾** 생리대 • **避孕套** 콘돔
- **肚子** (신체의) 배 • **疼** 아프다 • **肠炎** 장염 • **肠炎药** 장염약
- **这** 이, 이것 • **怎么** 어떻게 • **吃** 먹다

I need a sanitary pad.

생리대 좀 주세요.

Do you have a condom ?

콘돔 있어요 ?

I have a stomachache, please give me a medicine for enteritis.

배가 좀 아픈데, 장염약 좀 주세요.

How do I take this medicine ?

이 약은 어떻게 먹나요 ?

어법노트

❶ 疼 VS 痛

疼과 痛(tòng)은 모두 '아프다'란 뜻의 형용사이나, 疼은 말할 때 주로 사용하고, 痛은 쓸 때 주로 사용한다. 그밖에 疼은 '아끼다' 혹은 '소중히 하다'란 뜻도 있고, 痛은 '슬퍼하다' 혹은 '미워하다'란 뜻도 있다.

❷ 肚子疼의 품사

肚子疼은 명사로는 '복통', 형용사로는 '배가 아프다'란 뜻으로 쓰이며, 간혹 동사로 보는 경우도 있다.

一天吃三次，一次吃两粒。

Yì tiān chī sān cì, yí cì chī liǎng lì。

이 티엔 츠 산 츠, 이 츠 츠 량 리.

这种药有没有副作用？

Zhè zhǒng yào yǒu méiyǒu fùzuòyòng？

쩌 종 야오 요우 메이요우 푸쭤용？

饭后吃还是饭前吃？

Fàn hòu chī háishì fàn qián chī？

판 허우 츠 하이스 판 첸 츠？

단어노트

- **一天** 하루 • **吃** 먹다 • **三次** 세 번, 세 차례 • **一次** 한차례
- **粒** 알, 알갱이 • **种** 종류 • **副作用** 부작용 • **饭** 밥
- **后** 이후 • **饭后** 식후 • **还是** 아니면 • **前** 이전 • **饭前** 식전

Eat three times a day and eat two pills at once.

하루에 3번, 1번 먹을 때 2 알을 복용하세요.

Does this medicine have any side effects ?

이 약은 부작용이 없나요 ?

Do I eat after meals or before meals ?

식후에 먹나요, 아니면 식전에 먹나요 ?

어법노트

❶ 동량보어

동량보어는 동작의 횟수를 보충해주는 보어이다. '吃三次'에서 三次, '一次吃两粒'에서 两粒가 바로 동량보어이다. 어순은 '동사+동작의 횟수' 순이다.

❸ 접속사 还是

접속사 还是는 '또는' 혹은 '아니면'이라는 뜻으로, 의문문에 쓰여 선택을 나타내는 선택의문문을 만들 수 있다. 어순: A + 还是 + B ?

③ 안마 받기

我 要 全身 按摩。

Wǒ yào quánshēn ànmó。

워 야오 취엔선 안모.

我 要 脚底 按摩。

Wǒ yào jiǎodǐ ànmó。

워 야오 쟈오디 안모.

您 要 男 按摩师 还是 要 女 按摩师？

Nín yào nán ànmóshī háishì yào nǚ ànmóshī？

닌 야오 난 안모스 하이스 야오 뉘 안모스？

단어노트

- **要** 원하다 • **全身** 전신 • **按摩** 안마(하다) • **脚** 발, 다리
- **底** 밑, 바닥 • **男** 사내, 남자 • **按摩师** 안마사
- **还是** 아니면 • **女** 여자

I'm going to get a full-body massage.
전신 마사지 하려고 합니다.

I'm going to massage my feet.
발 마사지 하려고 합니다.

Do you want a male massager or a female massager?
남자 안마사를 원하시나요, 여자 안마사를 원하시나요?

어법노트

❶ 全身 VS 半身

全身은 몸 전체를 가리키는 것이고, 半身(bànshēn)은 '반신' 혹은 '몸의 절반'을 의미한다. 예 照半身就可以了。照全身就可以了。

❷ 脚底按摩 VS 洗脚

脚底按摩는 '발바닥 안마'라는 뜻이고, 洗脚(xǐjiǎo)는 '발을 씻다'라는 뜻에서 생성된 '발 마사지'이다. 그밖에 발마사지라는 뜻으로 '足疗(zúliáo)'가 있다.

太 疼 了，轻 一点。

Tài téng le，qīng yìdiǎn。

타이 텅 러, 칭 이뎬.

用 力 一点。

Yòng lì yìdiǎn。

용 리 이뎬.

是 这边 吗？

Shì zhèbian ma？

스 쩌벤 마？

不是，再 往 下边 / 上边 / 左边 / 右边。

Búshì，zài wǎng xiàbian / shàngbian / zuǒbian / yòubian。

부스, 짜이 왕 샤벤 / 상벤 / 쭤벤 / 요우벤.

단어노트

- **太** 너무, 몹시 · **太疼了** 너무 아프다 · **轻** 가볍다 · **一点** 조금
- **用** 쓰다 · **力** 힘 · **这边** 이쪽 · **不是** 아니다 · **再** 다시
- **下边** 아래쪽 · **上边** 위쪽 · **左边** 왼쪽 · **右边** 오른쪽

It hurts so much, press lightly.

너무 아파요, 좀 가볍게 해주세요.

I'd like it a little harder.

조금 더 세게 해주세요.

Is this side ?

이쪽입니까 ?

No. down side / upper side / left side / right side.

아니요, 조금 아래쪽이요 / 위쪽이요 / 왼쪽이요 / 오른쪽이요.

어법노트

❶ 太~了 구문

'太~了 구문'은 '너무~하다', '아주~하다'라는 뜻으로 중간에는 형용사가 들어간다. 예 太疼了, 太好了.

❷ 형용사+一点儿

'一点(儿)은 형용사 뒤에 수량사로 쓰여 '조금' 혹은 '약간'이란 뜻으로 해석된다.
예 轻一点, 用力一点.

귀양에 가볼까!

귀양은 중국 중부 충칭 직할시 남쪽에 위치한 귀주성의 성도이다. 먀오링산과 윈구이고원이 동쪽에 있으며, 산지와 구릉지로 이루어졌다. 인근에는 해발 1,659m의 윈우산과 주요 하천인 난밍허와 위량허가 있으며 1,000 미터가 넘는 소분지에 위치해 있어서 여름에는 서늘하고 겨울에는 온난하여 여행하기 아주 좋은 지역이다.

귀양은 주로 산지와 구릉지역이기 때문에 개발이 쉽지 않지만, 최근에는 도로와 철도 등 교통시설의 발달로 산업이 점차 확대되고 있다. 철도의 경우 북쪽으로 충칭과 청두를 거쳐 베이징으로 통하고, 남쪽으로는 호남성 류저우를 거쳐 광동성으로 연결된다. 이를 통해 야금 · 철강 · 알루미늄 · 시멘트 등 각종 광물을 외부로 수출하고 있다.

귀양에는 6km가 넘는 성벽이 있으며, 그 성곽 안에는 각종 사찰과 행정관청, 교육기관이 모여 있다. 구이저우 박물관에는 이 지역의 역사 · 인물 · 유물 등을 관람할 수 있고, 3층 누각인 쟈시우루에서는 아름다운 정원 문화를 엿볼 수 있다. 그밖에 서안사건 당시 장쉐량이 숨어있던 치린동, 명나라 때 지어진 홍푸사, 난쟈오 공원, 황구어수 폭포 등이 있다.

연습문제 UNIT 08

01. 아래 보기의 단어와 뜻이 서로 어울리는 것을 골라 짝을 맞추어 보세요.

打印 •	• 인쇄하다
感冒药 •	• 안마(하다)
卫生巾 •	• 감기약
副作用 •	• 생리대
按摩 •	• 부작용

02. 주어진 단어의 뜻을 빈칸에 적어보세요.

① 毛病 (　　　　　　　)
② 避孕套 (　　　　　　　)
③ 按摩师 (　　　　　　　)
④ 下边 (　　　　　　　)
⑤ 肚子 (　　　　　　　)

03. 주어진 문장의 한어병음(성조포함)을 빈칸에 적어보세요.

① 网吧在哪儿？ (　　　　　　　　　　)
② 这药怎么吃？ (　　　　　　　　　　)
③ 有感冒药吗？ (　　　　　　　　　　)
④ 给我创可贴。 (　　　　　　　　　　)
⑤ 我要全身按摩。 (　　　　　　　　　　)

04. 다음 문장을 해석해 보세요.

① 我电脑死机了，我要换位置。

____

② 这种药有没有副作用？

____

③ 饭后吃还是饭前吃？

____

④ 我肚子疼，给我肠炎药。

____

⑤ 我要脚底按摩。

____

05. 다음 문장을 중국어로 작문해보세요.

① 이 컴퓨터가 잘 안 돼요, 좀 봐주세요.

____

② 배가 좀 아픈데, 장염약 좀 주세요.

____

③ 식후에 먹나요, 아니면 식전에 먹나요?

____

④ 너무 아파요, 좀 가볍게 해주세요.

____

⑤ 전신 마사지 하려고 합니다.

____

UNIT 09

위기상황 대처하기

주요내용

(1) 여권 혹은 비행기표를 분실했을 때
(2) 위기에 처했을 때
(3) 병원에 갈 때

UNIT 09 위기상황 대처하기

① 여권 혹은 비행기표를 분실했을 때

我 丢了 护照，该 怎么 办？
Wǒ diūle hùzhào，gāi zěnme bàn？
워 띠우러 후쟈오, 까이 전머 빤？

要 去 警察局 申报 吗？
Yào qù jǐngchájú shēnbào ma？
야오 취 징차쥐 선빠오 마？

我 可以 再 申请 机票 吗？
Wǒ kěyǐ zài shēnqǐng jīpiào ma？
워 커이 짜이 선칭 지퍄오 마？

韩国 大使馆 的 电话 号码 是 多少？
Hánguó dàshǐguǎn de diànhuà hàomǎ shì duōshao？
한궈 따스관 더 뎬화 하오마 스 둬샤오？

단어노트

- **丢** 잃다, 던지다
- **机票** 비행기표
- **该** ~해야 한다
- **申报** 신고하다
- **办** 처리하다
- **警察局** 경찰서
- **申请** 신청하다
- **大使馆** 대사관

I have lost my passport. What should I do?

여권을 잃어 버렸는데, 어떻게 하죠?

Do I have to report it to the police station?

경찰서에 가서 신고해야 하나요?

Can I re-apply for my flight ticket?

비행기 표를 다시 신청할 수 있나요?

What's the phone number of the Korean embassy?

한국대사관의 전화번호가 몇 번인가요?

어법노트

❶ 동사 该

该는 '(마땅히) …해야 한다' 혹은 '…하는 것이 당연하다'라는 뜻의 동사이자 조동사이다. 要(…해야 한다)보다는 좀 더 강한 의지를 나타낸다.

❷ 양사 一下

동사 뒤에 一下를 붙이면 '가볍게 한번 해보자'의 의미를 갖는다. 예 换一下, 填一下 등.

韩国 大使馆 怎么 走？

Hánguó dàshǐguǎn zěnme zǒu？

한궈 따스관 전머 쩌우？

请问，出入境 管理 中心 在 哪儿？

Qǐngwèn，chūrùjìng guǎnlǐ zhōngxīn zài nǎr？

칭원, 추루징 관리 쭝신 짜이 나얼？

请 给 我 办理 续签。

Qǐng gěi wǒ bànlǐ xùqiān。

칭 게이 워 빤리 쉬첸.

단어노트

- **怎么** 어떻게
- **走** 걷다, 가다
- **请问** 말씀 좀 묻겠습니다
- **出入境** 출입국
- **管理** 관리
- **中心** 센터
- **哪儿** 어디
- **请** 요청하다
- **给** ~에게 ~하도록 하다
- **办理** 처리하다
- **续** 이어지다
- **续签** 재차 서명하다, 비자를 연기하다

How can I get to the Korean embassy?

한국대사관은 어떻게 가나요?

Excuse me, where is the immigration office?

실례지만, 출입국관리사무소가 어디인가요?

Please extend my visa.

비자 연장 해주세요.

어법노트

❶ 办 VS 办理

办은 원래 '(일 따위를) 하다'란 뜻의 동사이며, 의미가 확대되어 '처리하다'란 뜻으로도 쓰인다. 办理는 '(어떤 업무나 사무를) 처리하다'란 뜻의 동사이다.

❷ 出入境管理中心

出入境管理中心은 출입국(出入境)+관리(管理)+센터(中心)이 결합된 합성어이다. 이와 유사한 표현으로는 出入境+管理+事务所(사무소, shìwùsuǒ)와 边检(biānjiǎn)이 있다.

手续费 是 多少 钱？

Shǒuxùfèi shì duōshao qián？

서우쉬페이 스 뛰샤오 첸？

我 想 申请 三 个 月 的 签证。

Wǒ xiǎng shēnqǐng sān gè yuè de qiānzhèng。

워 샹 선칭 산 거 웨 더 첸쩡.

办 手续 需要 多长 时间？

Bàn shǒuxù xūyào duōcháng shíjiān？

빤 서우쉬 쉬야오 뛰창 스젠？

단어노트

• **手续** 수속(하다) • **费** 비용 • **手续费** 수속비 • **是** ~이다
• **多少钱** 얼마 입니까 • **想** ~하고 싶다 • **三个月** 3개월
• **签证** 비자 • **需要** 필요하다 • **多长时间** 얼마나 긴 시간

How much is the fee?

수속비는 얼마인가요?

I'd like to apply for a three-month visa.

저는 3개월짜리 비자를 신청하고 싶습니다.

How long does the process take?

수속을 하려면 시간이 얼마나 걸리나요?

어법노트

❶ 명사술어문

명사술어문은 술어 부분의 '是'를 생략하고 명사성 어구(명사, 명사구, 대명사, 수사, 수량사구 등)로 구성된 문장을 말한다. 나이, 시간, 요일, 날씨, 가격 등을 묻고 답할 때 주로 쓰인다. 단, 부정형을 만들 때는 '是'를 생략할 수 없다. 예 大人十块, 儿童五块, 今天星期二, 今年二十五岁.

❷ 多长 VS 多久

多는 원래 '많다'라는 뜻의 형용사이나, 간혹 또 다른 형용사 앞에 쓰여 '얼마나'라는 뜻의 부사로 사용되기도 한다. '多+형용사' 형태로 의문문에 쓰여 정도를 물어볼 때 사용한다. 예 多长时间? 多久时间? 久(jiǔ)는 '오래다' 혹은 '(시간이) 길다'란 뜻의 형용사이다. 多久时间?은 "얼마나 오랜 시간?"이란 뜻이다.

② 위기에 처했을 때

救命 啊, 救命 啊!

Jiùmìng a, jiùmìng a !

지우밍 아, 지우밍 아!

是 小偷, 快 抓住 他。

Shì xiǎotōu, kuài zhuāzhù tā。

스 샤오터우, 콰이 좌주 타.

有人 抢走了 我 的 钱包。

Yǒurén qiǎngzǒule wǒ de qiánbāo。

요우런 챵쩌우러 워 더 첸빠오.

快 帮 我 叫 警察, 好 吗?

Kuài bāng wǒ jiào jǐngchá, hǎo ma?

콰이 빵 워 쟈오 징차, 하오 마?

단어노트

- **救** 구하다 · **命** 목숨 · **啊** (조사) 아! · **小偷** 좀도둑
- **快** 빠르다 · **抓** 잡다 · **住** 살다, (결과보어) 견고함을 뜻함
- **有人** 어떤 사람 · **抢** 빼앗다 · **钱包** 지갑 · **叫** 부르다

Help me! Help me!

살려주세요! 살려주세요!

It's a thief. Get him.

도둑이야, 빨리 잡아주세요.

Someone stole my wallet.

누가 제 지갑을 훔쳐갔어요.

Could you call a police ?

경찰 좀 불러 주시겠어요 ?

어법노트

❶ 결과보어 住

住는 원래 '살다'란 뜻의 동사이나, 간혹 또 다른 동사 뒤에 붙어 견고함이나 멈춤 · 정지 · 저지 등을 나타내는 결과보어의 역할을 한다. 예 抓住, 停住.

❷ 합성어 抢走

抢走는 동사 抢(빼앗다)와 또 다른 동사 走(가다)가 결합된 합성어이다. '강탈하여 도망가다' 혹은 '빼앗아 가다'란 뜻으로 해석한다.

发生了 交通 事故。
Fāshēngle jiāotōng shìgù。
파성러 쟈오통 스구.

我 伤 得 很 严重。
Wǒ shāng de hěn yánzhòng。
워 상 더 헌 옌쫑.

呼吸 很 困难。
Hūxī hěn kùnnan。
후시 헌 쿤난.

我 好像 腿 扭了。
Wǒ hǎoxiàng tuǐ niǔle。
워 하오샹 퉤이 니우러.

단어노트

- **发生** 발생하다 • **交通** 교통 • **事故** 사고 • **交通事故** 교통사고
- **伤** 상처, 상하다 • **严重** 중대하다, 심각하다 • **呼吸** 호흡(하다)
- **困难** 곤란하다, 어렵다 • **腿** 다리 • **扭** 돌리다, 비틀다

There was a traffic accident.

교통사고가 발생했습니다.

I'm hurt a lot.

제가 좀 많이 다쳤어요.

It is difficult to breathe.

호흡곤란 입이다.

I seem to have sprained my legs.

발이 삔 것 같아요.

어법노트

❶ 정도보어 구문

정도보어란 보어의 일종으로 술어의 정도(상황, 결과, 수량)를 나타내는 보어이다. 정도보어 구문은 "주어+술어A(동사, 형용사)+정도보어B" 형태를 이루며, 해석은 "주어가 A한 정도가 B 이다."라고 한다.

❷ 동사 好像

好像은 원래 동사이나 실질적으로는 부사처럼 사용된다. ① 好像은 동사이지만, 그 뒤에 '了', '着', '过'와 보어를 바로 붙일 수 없다. ② 好像 구문 뒤에는 주로 '一样', '一般', '似的'가 올 수 있다. 예 好像算错了一样.

我 好像 骨折了。
Wǒ hǎoxiàng gǔzhéle。
워 하오샹 구저러.

请 叫 一下 救护车。
Qǐng jiào yíxià jiùhùchē。
칭 쟈오 이샤 지우후처.

快 把 他 送到 急救室。
Kuài bǎ tā sòngdào jíjiùshì。
콰이 바 타 송따오 지지우스.

단어노트

- **好像** 마치 ~와 같다
- **骨折** 골절, 뼈가 부러지다
- **叫** 부르다
- **一下** 한번
- **救护车** 응급차
- **把** ~을
- **送** 보내다
- **送到** ~로 보내다
- **急救室** 응급실

I think my bone is broken.

뼈가 부러진 것 같아요.

Call an ambulance, please.

구급차 좀 불러주세요.

Please send him to the emergency room as soon as possible.

그 사람을 빨리 응급실로 보내주세요.

어법노트

❶ 骨折 VS 打断

骨折은 명사로는 '골절', 동사로는 '뼈가 부러지다' 혹은 '골절하다'란 뜻으로 쓰인다. 打断(dǎduàn)은 동사 打(치다)와 또 다른 동사 断(자르다, 끊다)이 합쳐진 결합 동사로, '끊다' 혹은 '자르다'란 뜻으로 해석한다. 骨折은 피동적 의미이고, 打断은 주동적 의미가 강하다.

❷ 결과보어 到

到는 원래 '도착하다'란 뜻의 동사로, 간혹 술어 뒤에서 동작의 결과를 보충해 주는 결과보어로 쓰여 '~에 미치다', '~에 이르다', '~을 해내다'란 뜻으로 해석할 수 있다. 예 送到, 寄到.

③ 병원에 갈 때

我 想 看病。

Wǒ xiǎng kànbìng。

워 샹 칸삥.

这 医院 里 有 会 说 韩国语（英文）的 医生 吗？

Zhè yīyuàn lǐ yǒu huì shuō Hánguóyǔ(Yīngwén) de yīshēng ma？

쩌 이위엔 리 요우 훼이 쉬 한궈위(잉원) 더 이성 마？

我 身体 不 舒服。

Wǒ shēntǐ bù shūfu。

워 선티 뿌 수푸.

好像 感冒 了。

Hǎoxiàng gǎnmào le。

하우샹 간마오 러.

단어노트

- **想** ~하고 싶다 • **看** 보다 • **病** 병, 병나다 • **这** 이, 이것
- **医院** 병원 • **里** ~안에 • **会** ~할 수 있다 • **说** 말하다
- **韩国语** 한국어 • **医生** 의사 • **身体** 신체 • **舒服** 편하다

I'd like to see a doctor.

진찰을 받고 싶은데요.

Is there a doctor in this hospital who can speak Korean(English)?

이 병원에 한국어(영어)를 할 줄 아는 의사가 있나요?

I'm not feeling well.

제가 몸이 좀 안 좋습니다.

It looks like a cold.

감기에 걸린 것 같아요.

어법노트

❶ 看病 VS 看医生

看病과 看医生은 같은 뜻으로, '진찰을 받다' 혹은 '진찰하다'라는 뜻으로 해석한다. 看病은 동사 看(보다)와 명사 病(병)이 결합된 구조이도, 看医生은 동사 看(보다)와 명사 医生(의사)가 결합된 구조이다.

❷ 이중 주어 구문

'이중 주어'란 하나의 문장에 이중으로 들어 있는 주어를 말한다. 예를 들어, "코끼리는 코가 길다."에서 '코끼리는'과 '코가' 따위가 이중 주어이다. 중국어에도 이중 주어 표현이 있다. 예 我身体不舒服。

发烧 、头痛、咳嗽、流鼻涕、打喷嚏。
Fāshāo、tóutòng、késou、liúbítì、dǎpēntì。
파샤오, 터우통, 커써우, 리우비티, 다펀티.

消化 不 好。
Xiāohuà bù hǎo。
샤오화 뿌 하오.

吃 完 东西 以后，一直 拉 肚子。
Chī wán dōngxi yǐhòu，yìzhí lā dùzi。
츠 완 똥시 이허우, 이즈 라 뚜쯔.

我 吐了 很长 时间。
Wǒ tùle hěncháng shí jiān。
워 투러 헌창 스젠.

단어노트

- **发烧** 열이 나다 • **头痛** 머리가 아프다, 두통 • **咳嗽** 기침하다
- **流鼻涕** 콧물이 나다 • **打喷嚏** 재채기를 하다 • **消化** 소화
- **吃** 먹다 • **完** 완료하다 • **东西** 물건 • **以后** 이후 • **一直** 줄곧
- **拉** 당기다 • **肚子** 배 • **吐** 토하다 • **时间** 시간

I get feverish, headache, cough, runny nose, sneeze.

열나고, 머리가 아프고, 기침하고, 콧물이 나고, 재채기를 합니다.

I can't digest.

소화가 되지 않습니다.

After eating, I have diarrhea all the time.

밥을 먹은 후에 계속 설사를 합니다.

I threw up for a long time.

계속 토했습니다.

어법노트

❶ 부사 一直

'一直'는 상태나 동작이 변함없이 지속됨을 나타낸다. 또 '一直'는 과거의 시점에서 오랜 시간 계속되는 것을 나타내며, 비교적 긴 시간에 달하는 것도 있고 비교적 짧은 시간의 것도 있다. 예 我今天下午一直在学校学习。

❷ 결과보어 完

完은 원래 '완전하다' 혹은 '완벽하다'란 뜻의 형용사이나, 가끔 동사 뒤에 쓰여 결과보어 역할을 한다. 예 吃完(다 먹었다), 喝完(다 마셨다) 등.

这儿 青肿 了。

Zhèr qīngzhǒng le。

쩌얼 칭종 러.

腿（胳膊）骨折 了。

Tuǐ（gēbo）gǔzhé le。

퉤이 (꺼보) 구저 러.

我 几 点 可以 看 门诊？

Wǒ jǐ diǎn kěyǐ kàn ménzhěn？

워 지 덴 커이 칸 먼전.

단어노트

- **这儿** 이곳, 여기
- **青肿** 멍이 들어 검게 붓다
- **腿** 다리
- **胳膊** 팔, 상박
- **骨折** 골절, 뼈가 부러지다
- **几** 몇
- **点** 점, (시간) 시
- **看** 보다
- **门诊** 진찰

Here's a bruise.

여기에 멍이 들었습니다.

The leg (arm) is broken.

다리(팔)가 부러졌습니다.

What time can I see a doctor ?

제가 몇 시에 진찰을 받을 수 있나요 ?

어법노트

❶ 동사 青肿

青肿은 형용사 青(푸르다)와 동사 肿(붓다, 부어오르다)이 결합된 단어이다. 동사로는 '멍이 들어 검게 붓다'로, 명사로는 '(외상에 의한) 검푸른 멍'이란 뜻으로 사용된다.

❷ 看门诊 VS 看病

看门诊과 看病은 모두 '진찰을 받다'라는 뜻이지만, 그 의미에는 약간의 차이가 있다. 看病은 단순히 '진찰을 받다'는 뜻이지만, 看门诊은 동사 看(보다)와 명사 门诊(택진, 외래진찰)이 결합되어 '외래진찰을 받다' 혹은 '방문 진료를 보다'란 뜻으로 해석할 수 있다.

충칭에 가볼까!

충칭은 중국의 4대 직할시 중의 하나이자 중부에 위치해 있기 때문에 '대륙의 배꼽'이라는 별칭을 가지고 있다. 약칭은 위(渝)이지만 과거 이곳이 파국(巴国)의 도읍지였기 때문에 '파'라고 부르기도 한다. 충칭은 항일전쟁 시기 일본의 침략을 피해 이곳으로 피신한 중화민국의 임시정부가 있던 곳이고, 대한민국 임시정부 터가 있는 곳이기도 하다. 전체 인구는 3000만 명이 넘고, 그중 한족이 대부분이며 소수민족은 약 7%이다.

충칭은 여름에 최고 40℃ 이상으로 무더운 날씨에 장강이 지나가기 때문에 한여름에 여행을 간다면 더운 날씨와 습한 환경 때문에 불쾌지수가 올라가 숨도 쉬기 어려울 정도이다. 겨울에는 날씨가 춥지 않아 여행하기 좋고, 봄과 가을에는 더 좋다.

충칭의 음식은 기본적으로 쓰촨과 유사하기 때문에 우리나라 사람들이 먹기에 그리 부담스럽지 않다. 특히 매운 국물에 고기와 야채를 넣어 먹는 중국식 샤브샤브(훠궈)는 뭇 여행객들의 입맛을 사로잡는다. 가볼만한 곳으로는 중화민국 임시정부 사적지, 대한민국 임시정부 유적지, 충칭의 최대 번화가 제팡베이(解放碑 해방비) 등이 있다.

연습문제 UNIT 09

01. 아래 보기의 단어와 뜻이 서로 어울리는 것을 골라 짝을 맞추어 보세요.

警察局 •	• 관리
管理 •	• 응급실
小偷 •	• 경찰서
急救室 •	• 열이 나다
发烧 •	• 좀도둑

02. 주어진 단어의 뜻을 빈칸에 적어보세요.

① 大使馆 (　　　　　　　　)
② 手续费 (　　　　　　　　)
③ 交通事故 (　　　　　　　　)
④ 医院 (　　　　　　　　)
⑤ 骨折 (　　　　　　　　)

03. 주어진 문장의 한어병음(성조포함)을 빈칸에 적어보세요.

① 快帮我叫警察，好吗？ (　　　　　　　　)
② 我伤得很严重。 (　　　　　　　　)
③ 请叫一下救护车。 (　　　　　　　　)
④ 我想看病。 (　　　　　　　　)
⑤ 我身体不舒服。 (　　　　　　　　)

04. **다음 문장을 해석해 보세요.**

① 发烧、头痛、咳嗽、流鼻涕、打喷嚏。

② 救命啊，救命啊！

③ 办手续需要多长时间？

④ 请问，出入境管理中心在哪儿？

⑤ 我可以再申请机票吗？

05. **다음 문장을 중국어로 작문해보세요.**

① 여권을 잃어 버렸는데, 어떻게 하죠?

② 실례지만, 출입국관리사무소가 어디인가요?

③ 경찰 좀 불러 주시겠어요?

④ 구급차 좀 불러주세요.

⑤ 다리(팔)가 부러졌습니다.

UNIT 10

귀국준비와 출국심사

주요내용

(1) 항공권 예매 및 확인(컨펌)

(2) 항공권 취소 및 변경

(3) 탑승 수속하기

(4) 출국 심사하기

UNIT 10 귀국준비와 출국심사

① 항공권 예매 및 확인(컨펌)

喂，航空 公司 吗？
Wéi，hángkōng gōngsī ma？
웨이, 항콩 꽁스 마？

你们 有 下 星期三 去 韩国 的 航班 吗？
Nǐmen yǒu xià xīngqīsān qù Hánguó de hángbān ma？
니먼 요우 샤 싱치산 취 한궈 더 항빤 마？

我 想 订 一 张 去 韩国 仁川 的 机票。
Wǒ xiǎng dìng yì zhāng qù Hánguó Rénchuān de jīpiào。
워 샹 띵 이 짱 취 한궈 런촨 더 지퍄오.

我 可以 累积 航空 里程 吗？
Wǒ kěyǐ lěijī hángkōng lǐchéng ma？
워 커이 레이지 항콩 리청 마？

단어노트

- **喂** 여보세요 • **航空** 항공 • **公司** 회사 • **下** 아래, 다음
- **星期三** 수요일 • **航班** 운행표, 비행기편 • **订** 예약하다
- **仁川** 인천 • **累积** 누적하다 • **航空里程** 항공마일리지

Hello, is this the airline?

여보세요, 항공사인가요?

Do you have a flight to Korea next wednesday?

다음 주 수요일에 한국에 가는 비행기가 있나요?

I'd like to reserve a ticket to Incheon, Korea.

한국 인천에 가는 비행기 표 1장을 예약하고 싶습니다.

Can I accumulate an airline mileage?

항공사 마일리지를 적립할 수 있나요?

어법노트

❶ 喂의 성조

喂는 전화상에서 '여보세요'라는 뜻으로 자주 사용되는 감탄사이다. 그밖에 '여보게' 혹은 '이보세요'란 뜻으로도 쓰인다. 원래발음은 제4성 wèi이나 전화상에서는 보통 제2성 wéi로 발음한다.

❷ 수량사의 수식어구

수량사는 수사+양사+명사(중심어)의 구조로 되어있는데, 이때 명사를 수식해야 할 경우 그 수식어구는 명사 앞에 놓는다. 예 수사+양사+수식어구+명사. 본문 '一张去韩国仁川的机票'에서 去韩国仁川的는 '票'를 수식하는 수식어구이다.

请问, 你 的 英文 名字 叫 什么?

Qǐngwèn, nǐ de yīngwén míngzi jiào shénme?

칭원, 니 더 잉원 밍쯔 쟈오 선머?

您 的 护照 号码 多少?

Nín de hùzhào hàomǎ duōshao?

닌 더 후짜오 하오마 둬샤오?

我 的 护照 号码 是 M42911687。

Wǒ de hùzhào hàomǎ shì M sì èr jiǔ yāo yāo liù bā qī。

워 더 후짜오 하오마 스 M 스 얼 지우 야오 야오 류 빠 치.

您 要 单程 票 还是 往返 票?

Nín yào dānchéng piào háishì wǎngfǎn piào?

닌 야오 딴청 퍄오 하이스 왕판 퍄오.

단어노트

- **请问** 말씀 좀 묻겠습니다 · **英文** 영어 · **名字** 이름
- **叫** 부르다 · **什么** 무엇 · **您** 2인칭 존칭어 · **护照** 여권
- **号码** 번호 · **多少** 얼마 · **要** 원하다, 필요하다 · **单程** 편도
- **票** 표 · **还是** 아니면 · **往返票** 왕복표

Excuse me, what is your english name?
실례지만, 영어이름이 어떻게 되나요?

What's your passport number?
여권번호는 어떻게 되나요?

My passport number is M42911687.
제 여권 번호는 M42911687 입니다.

Do you want a one-way or round-trip ticket?
편도로 하실 건가요? 왕복으로 하실 건가요?

어법노트

❶ 이름 묻기
중국어로 상대방의 이름을 물어볼 때는 "你叫什么名字?"라고 할 수도 있고, 본문에서처럼 "你的名字叫什么?"라고 할 수도 있다.

❷ 명사술어문
명사술어문은 술어 부분의 '是'를 생략하고 명사성 어구(명사, 명사구, 대명사, 수사, 수량사구 등)로 구성된 문장을 말한다. 나이, 시간, 요일, 날씨, 가격 등을 묻고 답할 때 주로 쓰인다. 단, 부정형을 만들 때는 '是'를 생략할 수 없다. 예 大人十块, 儿童五块, 今天星期二, 今年二十五岁.

我 要 单程 票。
Wǒ yào dānchéng piào。
워 야오 딴청 퍄오.

你 要 商务舱 还是 经济舱？
Nǐ yào shāngwùcāng háishì jīngjìcāng？
니 야오 상우창 하이스 징지창？

我 要 经济舱。
Wǒ yào jīngjìcāng。
워 야오 징지창.

我 想 确认 一下 机票。
Wǒ xiǎng quèrèn yíxià jīpiào。
워 샹 췌런 이샤 지퍄오.

단어노트

- **商务** 상무, 비즈니스
- **舱** (비행기의) 객실, (선박의) 선실
- **商务舱** 비즈니스석
- **经济舱** 이코노미석
- **想** ~하고 싶다
- **确认** 확인하다
- **一下** 한번
- **机票** 비행기표

One way, please.

편도로 주세요.

Do you want a business class or economy class?

비즈니스요 아니면 이코노미요?

Economy class, please.

이코노미로 주세요.

I'd like to confirm my flight ticket.

비행기 표 컨펌(확인)을 하려고 합니다.

어법노트

❶ 접속사 还是

접속사 还是는 '또는' 혹은 '아니면'이라는 뜻으로, 의문문에 쓰여 선택을 나타내는 선택의문문을 만들 수 있다. 어순: A + 还是 + B?

❷ 조동사 想

想은 원래 동사로 '생각하다', '그리워하다'란 뜻을 가지고 있다. 조동사로 쓰일 때는 '~하고 싶다'라고 해석한다. 예 我想买纪念品. 我想去中国.

请 帮 我 确认 一下 机票，可以 吗？

Qǐng bāng wǒ quèrèn yíxià jīpiào，kěyǐ ma？

칭 빵 워 췌런 이샤 지퍄오, 커이 마？

请 告诉 我 你 的 英文 名字。

Qǐng gàosù wǒ nǐ de Yīngwén míngzi。

칭 까오수 워 니 더 잉원 밍쯔.

有 您 的 名字。六月 二十一 号 去 韩国 的，对 吗？

Yǒu nín de míngzi。Liùyuè èrshíyī hào qù Hánguó de，duì ma？

요우 닌 더 밍쯔. 류웨 얼스이 하오 취 한궈 더, 뒈이 마？

对，谢谢 你 的 确认。

Duì，xièxie nǐ de quèrèn。

뛔이, 시에시에 니 더 췌런.

단어노트

- **请** 요청하다 · **帮** 돕다 · **可以吗？** 할 수 있습니까？
- **告诉** ~에게 ~을 알리다 · **六月** 6월 · **二十一** 21
- **韩国** 한국 · **对** 맞다 · **谢谢** 감사하다

Please check my plane ticket.

비행기 표 확인 좀 해주세요.

Please tell me your English name.

당신의 영어이름을 알려주세요.

It's on the list. Are you going to Korea on June 21st ?

명단에 있네요. 6월21일 한국 가는 것 맞나요 ?

That's right, thank you for checking.

맞아요, 확인해 주셔서 감사합니다.

어법노트

❶ 동사 确认

确认은 '(원칙 · 사실 따위를) 확실히 인정하다' 혹은 '확인하다'란 뜻을 가진 동사이다. 간혹 명사로도 사용된다. 예 谢谢你的确认。

❷ 的의 용법

的는 ① 우리말의 '~의' 혹은 '~한'의 뜻에 해당하며 한정어와 중심어의 관계를 이어주는 구조조사이고(예 我的朋友, 新的衣服) ② 중심어가 없는 '的'자 구조를 이루어 명사화하는 데 쓰이며 이때 的은 '~는 것' 혹은 '~한 것'으로 해석할 수 있다.(예 六月二十一号去韩国的)

② 항공권 취소 및 변경

我 想 取消 机票。

Wǒ xiǎng qǔxiāo jīpiào。

워 샹 취샤오 지퍄오.

请问，我 可以 取消 机票 吗？

Qǐngwèn，wǒ kěyǐ qǔxiāo jīpiào ma？

칭원, 워 커이 취샤오 지퍄오 마？

我 想 更改 出发 日期。

Wǒ xiǎng gēnggǎi chūfā rìqī。

워 샹 껑가이 추파 르치.

机票 可 不 可以 延到 三十一 号？

Jīpiào kě bu kěyǐ yándào sānshíyī hào？

지퍄오 커 부 커이 옌따오 산스이 하오？

단어노트

- **取消** 취소하다 • **机票** 비행기표 • **请问** 말씀 좀 묻겠습니다
- **更改** 변경(하다) • **出发** 출발(하다) • **日期** 일자, 날짜
- **延** 늘이다 • **延到** 시간을 끌다, 연장하다 • **三十一** 31

I want to cancel my flight ticket.

비행기 표를 취소하고 싶은데요.

Excuse me, can I cancel my flight ticket?

실례지만, 비행기 표를 취소할 수 있나요?

I'd like to change my departure date.

출발 날짜를 변경하고 싶은데요.

Can I postpone my flight ticket to 31th?

비행기 표를 31일로 연기할 수 있나요?

어법노트

❶ 조동사의 정반의문문

조동사도 동사와 형용사처럼 정반의문문을 만들 수 있다. 어순은 [조동사+不+조동사] 형태를 이룬다. 이음절조동사의 경우 두 가지의 형태를 이룰 수 있다. 예 ① 可以不可以, ② 可不可以。

❷ 결과보어 到

到는 원래 '도착하다'란 뜻의 동사로, 간혹 술어 뒤에서 동작의 결과를 보충해 주는 결과보어로 쓰여 '~에 미치다', '~에 이르다', '~을 해내다'란 뜻으로 해석할 수 있다.

③ 탑승 수속하기

中华 航空 服务台 在 哪儿？
Zhōnghuá hángkōng fúwùtái zài nǎr？
쫑화 항콩 푸우타이 짜이 나얼？

登机 手续 在 哪儿 办理？
Dēngjī shǒuxù zài nǎr bànlǐ？
덩지 서우쉬 짜이 나얼 빤리？

给 我 办理 登机 手续。
Gěi wǒ bànlǐ dēngjī shǒuxù。
게이 워 빤리 덩지 서우쉬.

给 我 看看 您 的 护照 和 机票。
Gěi wǒ kànkan nín de hùzhào hé jīpiào。
게이 워 칸칸 닌 더 후짜오 허 지퍄오.

단어노트

- **中华** 중화 • **航空** 항공 • **服务台** 프론트, 카운터 • **哪儿** 어디
- **登机** 탑승(하다) • **手续** 수속 • **办理** 처리하다, 취급하다
- **给** ~에게 ~하도록 하다 • **和** 와, 과

Where is the front desk of Chinese Airlines ?
중화항공 프론트가 어디인가요 ?

Where can I check in ?
탑승수속은 어디서 하나요 ?

Check in, please.
탑승 수속 좀 해주세요.

May I see your passport and plane ticket, please.
여권과 비행기 표 좀 보여주세요.

어법노트

❶ 办 VS 办理
办은 원래 '(일 따위를) 하다'란 뜻의 동사이며, 의미가 확대되어 '처리하다'란 뜻으로도 쓰인다. 办理는 '(어떤 업무나 사무를) 처리하다'란 뜻의 동사이다.

❷ 동사의 중첩
동사의 중첩은 동작을 경험하는 시간이 짧거나, 어떠한 동작을 가볍게 한번 해본다는 의미를 가지고 있다. 예 看看, 试试 등.

这个 行李 我 要 带走。

Zhège xíngli wǒ yào dàizǒu。

쩌거 싱리 워 야오 따이쩌우.

这些 行李 我 要 托运。

Zhèxiē xíngli wǒ yào tuōyùn。

쩌시에 싱리 워 야오 퉈윈.

我 要 靠窗 座位。

Wǒ yào kàochuāng zuòwèi。

워 야오 카오챵 쭤웨이.

我 想 坐 前边。

Wǒ xiǎng zuò qiánbiān。

워 샹 쭤 첸벤.

단어노트

- **行李** 여행 짐, 수화물 • **要** ~하려고 하다, 해야 한다
- **带** 지니다 • **走** 가다, 걷다 • **这些** 이들, 이런 것들
- **托运** 운송을 위탁하다, 탁송하다 • **靠** 기대다, 기대어 두다
- **窗** 창문 • **座位** 좌석 • **坐** 앉다 • **前边** 앞쪽

I'll carry this luggage on the plane.
이 짐은 제가 들고 갈 것입니다.

I want to check these luggage.
이 짐들은 부쳐주세요.

I'd like a seat by the window, please.
창가 쪽 자리로 주세요.

I want to sit in the front seat.
앞자리로 주세요.

어법노트

❶ 결과보어 走

走는 원래 '걷다' 혹은 '가다'란 뜻의 동사이나, 가끔 또 다른 동사 뒤에 쓰여 결과보어 역할을 한다. 예 带走, 拿走 등.

❷ 단어 靠窗座位

靠窗座位는 '창가 쪽 좌석'이란 뜻으로 동사 靠(기대다)+명사 窗(창문)+명사 座位(좌석)가 결합된 단어이다. 靠窗과 座位 사이에 的을 넣어 靠窗的座位라고도 한다.

我 要 靠 通道 的 座位。

Wǒ yào kào tōngdào de zuòwèi。

워 야오 카오 통따오 더 쭤웨이.

超重了 吗？ 要 交 多少 钱？

Chāozhòngle ma？ Yào jiāo duōshao qián？

차오쭝러 마？ 야오 쟈오 둬샤오 첸？

几 号 登机口？

Jǐ hào dēngjīkǒu？

지 하오 덩지커오？

단어노트

- **通道** 통로 · **超** 넘다, 초과하다 · **重** 무겁다, 중량
- **交** 넘기다, 제출하다, 지불하다 · **多少** 얼마 · **钱** 돈 · **几** 몇
- **号** 호, 번호 · **登机** 탑승(하다) · **口** 입, 입구

I want an aisle seat, please.

통로 쪽 자리로 주세요.

Is the baggage overloaded? How much do I have to pay?

짐이 초과되었나요? 얼마를 내야하나요?

What is the gate number?

몇 번 탑승구인가요?

어법노트

❶ 단어 靠通道的座位

靠通道的座位는 '통로 쪽 좌석'이란 뜻으로 동사 靠(기대다)+명사 通道(통로)+조사 的(~의)+명사 座位(좌석)가 결합된 단어이다. 이때 通道대신에 走道(zǒudào, 보도, 인도)를 사용할 수 있다. 예 靠走道的座位。

❷ 결합동사 超重

超重은 동사 超(초과하다)와 명사 重(중량, 무게)가 합쳐진 결합동사이다. '적재량을 초과하다' 혹은 '중량을 초과하다'란 뜻으로 쓰인다. 간혹 '무게 초과'란 뜻의 명사로도 사용된다.

什么 时候 开始 登机？
Shénme shíhou kāishǐ dēngjī？
선머 스허우 카이스 덩지？

要 延迟 多长 时间？
Yào yánchí duōcháng shíjiān？
야오 옌츠 둬창 스젠？

延迟 的 原因 是 什么？
Yánchí de yuányīn shì shénme？
옌츠 더 위엔인 스 선머？

단어노트

- **什么** 무엇
- **时候** 시간, 때
- **什么时候** 언제
- **开始** 시작하다
- **登机** 탑승하다
- **延迟** 연기하다, 늦추다
- **多长** 얼마나 긴
- **时间** 시각, 틈
- **原因** 원인

When does the boarding start ?

언제 탑승을 시작하나요 ?

How long will be Delayed ?

얼마나 Delay(출발지연) 되나요 ?

What's the reason for the delay ?

출발 지연되는 이유가 뭔가요 ?

어법노트

❶ 동사 开始

开始는 '…(로)부터 시작하다' 혹은 '처음부터 시작하다'란 뜻의 동사이다. 开始 뒤에 오는 목적어 자리에는 '목적어(구)' 혹은 '목적절'이 올 수 있다. 예 开始登机 ?

❷ 延迟 VS 延到

延迟는 '연기하다', '늦추다', '지연하다'란 뜻의 동사이고, 延到는 동사 延(늘이다) 뒤에 결과보어 到가 결합된 단어로 '~까지 연기하다'란 뜻으로 사용된다.

④ 출국 심사하기

请您把衣服和鞋脱下。

Qǐng nín bǎ yīfu hé xié tuōxià。

칭 닌 바 이푸 허 시에 퉈샤.

请您把东西都放在这儿。

Qǐng nín bǎ dōngxi dōu fàng zài zhèr。

칭 닌 바 똥시 더우 팡 짜이 쩌얼.

请您填一下出境卡。

Qǐng nín tián yíxià chūjìngkǎ。

칭 닌 텐 이샤 추징카.

단어노트

- **把** ~을 • **衣服** 옷, 의복 • **鞋** 신발 • **脱** 빠지다, 벗어지다
- **脱下** (신발, 의류 따위를) 벗다 • **东西** 물품, 물건
- **都** 모두 • **放** 풀어 놓다 • **在** ~에 • **这儿** 이곳, 여기
- **填** 채우다, 기입하다 • **一下** 한번 • **出境卡** 출국신고서

Please take off your clothes and shoes.

옷과 신발을 벗어주세요.

Please put everything here.

모든 물건을 이곳에 넣어주세요.

Please fill in the departure card.

출국카드를 적어주세요.

어법노트

❶ 결과보어 下

下는 명사로는 '아래', 동사로는 '(높은 곳에서 낮은 곳으로) 내려가다 혹은 떨어지다'로 쓰인다. 간혹 동사 뒤에 쓰여 위에서 아래로 움직이는 것을 나타내거나, 동사 뒤에 쓰여 동작의 완성이나 결과가 이미 결정되었음을 나타내는 결과보어로 사용된다. 예 脱下, 放下.

❷ 개사 在

在는 '~에(서)'란 뜻의 개사(전치사)로, 간혹 어떠한 동작이나 행위가 해당 장소나 시간에 영향을 미칠 경우 개사 在는 동사 뒤에 올 수 있다. 예 放在这儿, 出生在一二三四年.

给我看看出境卡。

Gěi wǒ kànkan chūjìngkǎ。

게이 워 칸칸 추징카？

六号登机口在哪儿？

Liù hào dēngjīkǒu zài nǎr？

류 하오 덩지커우 짜이 나얼？

这里是去韩国的登机口吗？

Zhèlǐ shì qù Hánguó de dēngjīkǒu ma？

쩌리 스 취 한궈 더 덩지커우 마？

단어노트

- **给** ~에게 ~하도록 하다
- **六号** 6번
- **登机口** 탑승구, 게이트
- **在** ~에 (위치해) 있다
- **哪儿** 어디
- **这里** 이곳, 여기
- **去** 가다
- **韩国** 한국

Please show me your departure card.

출국카드를 보여주세요.

Where is the gate number 6 ?

6번 게이트가 어디인가요 ?

Is this the gate to Korea ?

이곳이 한국으로 가는 게이트인가요 ?

어법노트

❶ 동사 给

동사 给는 '주다'라는 뜻 외에 '~에게 ~하도록 하다'라는 뜻으로 허용하거나 초래하게 함을 표시할 때 사용할 수 있다. '让(ràng)' · '叫(jiào)'와 유사함. 예 给我看看, 给他试试.

❷ 这里 VS 这儿

这里는 '이곳', '여기'라는 뜻으로 '这儿'로 바꾸어 사용할 수 있다. 这里는 쓸 때 자주 사용하고, 这儿은 말할 때 비교적 자주 사용한다.

쑤저우에 가볼까!

쑤저우는 중국 동부 연안에 위치한 강소성의 제 2대 도시이자, 춘추전국시기 오나라의 도읍지이다. 수나라 때 남북(베이징-항저우)을 잇는 징항대운하가 건설되자 이곳은 물류의 중심지로 발전하여 상업 활동이 크게 발전하였다. 이런 덕분에 예부터 항저우와 더불어 살기 좋은 도시라는 뜻의 '천상천당 지하소항(天上天堂 地下蘇杭, 하늘에는 천당이 있고, 땅에는 쑤저우 항저우가 있다)'이란 말이 생겨나기도 하였다.

쑤저우는 전통적으로 견직물(비단)과 자수제품이 유명하고, 명나라 이후부터 무명베 생산이 많아 지금도 섬유산업이 발전한 곳이다. 지금은 장강삼각주 개발 사업과 상하이 배후도시로서의 영향을 받아 각종 산업이 급성장하고 있다. 쑤저우는 크고 작은 호수와 하천이 많아 강남수향(江南水鄕, 물의 도시)이라 부르기도 하고, 창랑정 · 쓰쯔림 · 줘정원 · 류위안원 등 4대 원림이 있어서 '원림(정원) 문화의 보고'라고도 한다.

날씨는 우리나라보다 약간 따뜻하기 때문에 겨울보다는 봄 · 여름 · 가을에 가는 것이 가장 좋으며, 초봄과 늦가을에는 갑자기 날씨가 추워질 수 있으니 겨울용 외투를 챙겨가는 것이 좋다. 가볼만한 곳으로는 4대 원림 외에 한산사, 쑤저우 박물관, 쓰쯔린, 관전가 등이 있다.

연습문제 UNIT 10

01. 아래 보기의 단어와 뜻이 서로 어울리는 것을 골라 짝을 맞추어 보세요.

往返票 •	• 원인
机票 •	• 왕복표
日期 •	• 날짜
行李 •	• 여행 짐
原因 •	• 비행기 표

02. 주어진 단어의 뜻을 빈칸에 적어보세요.

① 航班 (　　　　　　　　)
② 经济舱 (　　　　　　　　)
③ 服务台 (　　　　　　　　)
④ 通道 (　　　　　　　　)
⑤ 出境卡 (　　　　　　　　)

03. 주어진 문장의 한어병음(성조포함)을 빈칸에 적어보세요.

① 请您填一下出境卡。 (　　　　　　　　)
② 我要靠通道的座位。 (　　　　　　　　)
③ 我要靠窗座位。 (　　　　　　　　)
④ 这些行李我要托运。 (　　　　　　　　)
⑤ 登机手续在哪儿办理？ (　　　　　　　　)

04. 다음 문장을 해석해 보세요.

① 我想更改出发日期。

____

② 请帮我确认一下机票，可以吗？

____

③ 你要商务舱还是经济舱？

____

④ 我的护照号码是M42911687。

____

⑤ 我可以累积航空里程吗？

____

05. 다음 문장을 중국어로 작문해보세요.

① 한국 인천에 가는 비행기 표 1장을 예약하고 싶습니다.

____

② 이곳이 한국으로 가는 게이트인가요?

____

③ 통로 쪽 자리로 주세요.

____

④ 탑승 수속 좀 해주세요.

____

⑤ 비행기 표 확인 좀 해주세요.

____

저자 **조은상**
최종학력 : 청화(칭화)대학교 문학박사
주요경력 : 대만 중앙방송국 기자, 명지대 책임연구원, 성신여대, 숭실대, 이화여대 등 출강
현근무처 : 배재대학교 부교수

여행가자! 패키지 중국어(하권)

2020년 8월 20일 초판 인쇄
2020년 8월 25일 초판 발행

지 은 이 조은상
발 행 인 배영환
발 행 처 도서출판 현우사
등록번호 제10-929호
주 소 서울시 영등포구 영중로 138-1(영등포동 8가 80-2) 드림프라자 B 901호
Tel 02) 2637-4806, 4863 Fax 02) 2637-4807
홈페이지 www.hyunwoosa.co.kr
E-mail okpress1208@naver.com
정 가 13,000 원
I S B N 978-89-8081-569-2 93720
※ 이 저서는 2020학년도 배재대학교 교내학술연구비 지원에 의하여 수행된 것임.